À MORT LE FLIC

Sébastien Jallamion

Préface de Maître Frédéric Pichon

ÉDITIONS RIPOSTE LAÏQUE

Éditions Riposte Laïque

Couverture : Jean-Louis Chollet

ISBN : 979-10-92938-10-4
Dépôt légal : juillet 2017

À mon fils

DU MÊME ÉDITEUR

Les dessous du voile,
par Cyrano et l'équipe de Riposte Laïque - 2009

La colère d'un Français, par Maurice Vidal - 2010

Résistance républicaine,
par Cyrano et l'équipe de Riposte Laïque - 2010

Les assises sur l'islamisation de nos pays,
par Pierre Cassen et Christine Tasin - 2011

La faute du bobo Jocelyn,
par Pierre Cassen et Christine Tasin - 2011

Reconquista ou Mort de l'Europe,
par René Marchand - 2013

Islamectomie, par Yidir Aberkane et Carole Maillac - 2013

Opération Pédalo, par Paul Le Poulpe - 2013

Pas de voile pour Marianne, d'Elisabeth Lalesart - 2014

Du gauchisme au patriotisme, de Fabien Engelmann - 2014

Le Guignol de l'Elysée, de Pierre Cassen et Ri7 - 2014

Musulmans vous nous mentez, par Hubert Lemaire - 2014

Guerre à l'Occident, Guerre en Occident,
par le Lieutenant-Colonel Jean-François Cerisier - 2015

Le Mur 2023, par Olivier Arnaubec - 2015

Mahomet au volant, la charia au tournant,
par Ghislaine Dumesnil - 2016

L'islam, fabrique de déséquilibrés,
par Wafa Sultan - 2017

PRÉFACE DE MAÎTRE PICHON

C'est un honneur pour moi de préfacer le livre choc de Sébastien Jallamion.

Pour un avocat, le sort d'un homme confronté au rouleau compresseur inhumain de la justice, au déclassement social et l'opprobre médiatique est une raison suffisante pour se battre.

Mais Sébastien Jallamion n'est pas qu'une « bête blessée ». C'est un patriote courageux qui a payé au prix fort le fait de dire tout haut ce que ses collègues de travail de la police nationale constatent tous les jours.

Et c'est parce qu'il a occupé une fonction qui lui donne une légitimité de donneur d'alerte que le système a voulu lui faire payer au prix fort le fait d'avoir brisé la chape de plomb du politiquement correct et du déni de réalité.

Pourtant, comme beaucoup d'affaires que nous avons à défendre, rien ne laissait imaginer un tel enchaînement dramatique dans sa carrière. Un fait anodin peut souvent faire basculer une vie entière.

De simples propos sur son compte Facebook sur l'islamisme, une dénonciation et c'est l'emballement judicaire qui se met en branle avec son lot d'injustices et d'approximations : la chasse à l'homme est ouverte. A ce jour elle n'est pas terminée.

Sebastien Jallamion a été condamné à des jours amendes. Cela signifie que s'il ne paie pas son amende, il sera automatiquement incarcéré. Contrairement aux peines de prison inférieures à un an, qui si elles ne sont pas assorties d'un mandat de dépôt, ne sont quasiment jamais exécutées, ici la sanction est quasi automatique.

Or Sébastien Jallamion a été révoqué de la police nationale. Il a subi la double peine – la vraie : il n'a plus de salaire, plus de revenus pour payer son amende. Tout juste le nécessaire pour survivre. Il ne peut même pas recourir à un fonds de solidarité puisque la loi punit de sanctions pénales les appels aux dons destinés à payer les condamnations pénales. La boucle est bouclée.

En France, pays dit des droits de l'homme que le monde paraît-il nous envie, pays où le taux de censure de Facebook et Twitter est l'un des plus importants au monde, un policier risque d'être incarcéré parce qu'il a dit la vérité sur l'islamisme sur les réseaux sociaux.

Le contexte de cette publication qui lui a valu cette incroyable cabale rend cette double peine encore plus scandaleuse.

En septembre 2014 un de nos compatriotes, Hervé Gourdel, était décapité par des membres de l'Etat islamique. Voilà l'élément de contexte.

Pour Sébastien Jallamion qui en sa qualité de policier a été sensibilisé à la menace islamiste comme pour nombre de ses collègues des services spécialisés, cette réalité constitue un des défis les plus sérieux pour la sécurité de notre pays et de nos concitoyens.

Contrairement à la bobosphère qui ne voit dans les agissements de l'Etat islamique qu'une simple manifestation du mal, de la haine, de l'intolérance et du « fanatisme religieux » que l'on combat à coups de bougies et de PADAMALGAME, les services de renseignements savent que les djihadistes recrutent dans les prisons, dans les caves des cités et dans les mosquées et dans un terreau fertile qui est celui de l'Islam.

« Mal nommer les choses c'est ajouter au malheur du monde disait Camus ». Or face à l'islamisme, la gauche par refus du réel et aussi parce qu'elle porte une immense responsabilité de l'échec de l'intégration, refuse de voir dans le développement de l'islamisme radical un quelconque lien avec l'Islam.

Cette même gauche qui se félicitait de la chute de Phnom Penh et Saïgon avant que ces aventures ne se soldent par le génocide cambodgien et les boat people, et qui n'a jamais fait son mea culpa et qui continue aujourd'hui à dire qu'il faut accueillir encore plus d'immigration et ouvrir grand les portes de notre pays.

Cette gauche qui sous couvert de liberté veut incarcérer les opposants patriotes au nom du vieux concept bien connu de « pas de liberté pour les ennemis de la liberté » étant précisé qu'elle seule détient la vérité et le droit de dire qui est digne et juste de prendre la parole.

Il y a dans cette gauche en effet des gènes de la Terreur et de 1793. Elle prétend chasser Dieu et la morale de la cité et ce faisant elle se livre à un incroyable cléricalisme sécularisé, ultramoralisateur et anathémise tous les « hérétiques » qui ne croient pas au dogme sacré du « vivre ensemble ».

Pour elle, la Patrie est un gigantesque terrain vague destiné à être le champ clos d'un grand gloubi-boulga universel sans identité, ni sexe ni histoire.

La voilà qui main dans la main avec une droite gestionnaire a mis en place toute une série de lois liberticides qui sous couvert de lutte contre le racisme, prétend sonder les reins et les cœurs et réprimer toute pensée dissidente qui considérerait que l'immigration n'est pas une chance pour la France et que l'Islam est un système politico-juridique d'essence totalitaire.

Philippe Muray dans un ouvrage visionnaire « *Festivus* » avait prédit la judiciarisation de la pensée.

Elle permet ainsi aux magistrats de condamner des citoyens non seulement pour ce qu'ils ont dit mais encore ce qu'ils n'ont pas dit.

Cela s'appelle le procès d'intention :

Lorsque vous dénoncez l'Islam, c'est en réalité les musulmans que vous dénoncez. Vous êtes donc coupable de provocation à la haine, à la discrimination et à la violence contre des personnes en raison de leur appartenance ou non-appartenance à une race ou une religion déterminée.

On ne saurait parler de ce processus sans dénoncer l'incroyable rôle des associations dites anti-racistes. Ce sont elles, bien que le nombre de leurs adhésions soit dérisoire, qui vivent de subventions du contribuable et des condamnations judiciaires de leurs victimes. Ce sont elles qui, de concert avec le Ministère Public pourtant censé représenter la société, déterminent les limites acceptables de la liberté d'expression.

Ces mêmes associations qui sont incroyablement silencieuses pour dénoncer le sort des femmes dans les cités ainsi que le racisme anti-français, anti-chrétien ou anti juif. Voire même qui le taisent délibérément de peur que la vérité apparaisse au grand jour. Les attaques quasi quotidiennes à coups de couteaux et de haches par des fichés S et l'on vous parle de déséquilibrés. On vous dit « C'est pas ça l'Islam ».

L'Islam, ce sont les contes des Mille et Une Nuits que l'on lit sur un tapis volant en buvant un thé à la menthe et où l'on médite sur les poèmes des mystiques soufis – qui soit dit en passant ne représentent même pas 1 % du monde musulman. Ce sont encore ces mêmes associations à l'instar de la ligue des droits de l'homme qui engagent des actions en justice contre le crèches de Noël sous prétexte qu'elles seraient contraires à la laïcité et qu'elles heurteraient la consciences des musulmans.

Face à cette société en déclin qui ne croit plus en elle-même et qui bien plus à travers les média, l'éducation nationale et la police de la pensée poursuit les patriotes de sa vindicte, l'islam radical à de beaux jours devant lui. Et c'est très certainement dans ce vide et ce néant que l'Islam prospère, s'étend, s'impose et finalement une fois devenu majoritaire, applique de manière implacable sa loi d'airain aux dhimmis.

Face à ce constat, Sébastien Jallamion aurait pu se soumettre. Poursuivi par les instances judiciaires et administratives, il aurait pu choisir de se taire ou pire encore de se courber. Il aurait pu comparaître comme les bourgeois de Calais la corde au cou, faire son mea culpa devant la police de la pensée en implorant le pardon moyennant le retrait de ses propos. Il ne l'a pas fait.

Il fallait donc qu'il paie. Pour l'exemple. A l'attention de ses collègues qui endurent chaque jour les humiliations, les crachats et parfois les cocktails molotovs et les balles dans les cités où la drogue et l'Islam sont rois. Regardez ce qui vous attend si vous parlez. La double peine : la prison et la révocation définitive de la police nationale et bien entendu tout ce qui va avec : le déclassement social, la marginalisation. A bon entendeur.

Il a choisi de ne pas courber la tête. Il a choisi la seule politique qui vaille : la voie du courage. Celle qui fait défaut à tant de compatriotes pourtant lucides et conscients de la réalité. J'ai moi-même rencontré sous la foi du palais des professionnels de justice tout à fait d'accord avec ce constat mais qui, le jour où il fallait trancher préféraient privilégier leur carrière à la justice et la vérité. Cela n'est pas nouveau.

Mais je suis intimement persuadé que la vérité rend libre. Et que quelle qu'en soit l'issue, elle mérite que l'on se batte pour elle. C'est une question d'honneur et de conscience. Non, Sébastien Jallamion, quelles que soient les difficultés que vous rencontrez et Dieu sait si elles sont nombreuses, vous n'avez pas à regretter. Vous avez fait le bon choix. Vous avez mené le bon combat.

Je crois que si un jour notre pays doit renaître, il le devra à tous ces résistants qui, modestement à leur niveau, non seulement n'ont pas voulu lâcher mais sont allés jusqu'au bout de leurs idées. Je crois que ces petits riens, ces petites lumières dans un océan de lâcheté et de soumission sont des petits grains de sable dans les rouages de la machine à broyer les peuples.

Et comme une ultime bravade à tous les cerbères de la pensée unique, le destin de Sébastien Jallamion me fait penser ici à l'avant-dernier couplet du chant des partisans :

« Ici chacun sait ce qu'il veut, ce qu'il fait quand il passe.
Ami, si tu tombes, un ami sort de l'ombre à ta place ».

Ami lecteur, c'est désormais à toi de sortir de l'ombre.

INTRODUCTION

Je m'appelle Sébastien Jallamion, j'étais brigadier-chef dans la police nationale et j'ai été suspendu puis révoqué suite à des publications anonymes sur Facebook fustigeant l'islam et les islamistes au lendemain de l'enlèvement et de l'exécution d'un citoyen français en Algérie.

Au-delà de cette mise à mort professionnelle, symptomatique du traitement particulier dont les fonctionnaires de police sont souvent l’objet, j’ai dû affronter des épreuves auxquelles nous sommes tous exposés, même si j’ai conscience qu’à travers mon cas personnel, il y eut la volonté de faire un exemple. Je ne me suis pourtant jamais départi de mon intégrité ni de mon honnêteté, ce qui n’aura pourtant rien changé au sort qui m’a été réservé.

Aussi, je tiens à travers ce récit à témoigner pour que chacun d’entre vous appréhende au mieux la gravité de la situation que nous vivons actuellement en France, et qui se traduit par l’emploi de méthodes qui n’ont rien à envier à des régimes dictatoriaux, en particulier s’agissant de la pratique consistant à promouvoir la surveillance et la dénonciation de son prochain dès lors qu’il exprime une opinion contraire à la doxa dominante.

Je comprends très bien que certains d'entre vous pourraient trouver cette affirmation quelque peu exagérée. Je tiens à leur préciser que jamais je n'aurais tenu de tels propos il y a encore quelques années, alors que j'étais encore persuadé que malgré des dysfonctionnements ponctuels notre pays était une grande démocratie occidentale, garante des libertés fondamentales chèrement acquises.

En effet, si la France est un Etat de droit, l'application de certaines de ses lois est à géométrie variable, en particulier lorsqu'il s'agit de définir les contours de la libre expression dans un contexte où la priorité est d'acheter la paix sociale au détriment des libertés individuelles.

Cette situation est le fait de quelques-uns, détenteurs du pouvoir : celui de juger, de sanctionner, dont ils abusent parfois en toute impunité pour des considérations très éloignées de la recherche de l'intérêt général.

Cette oligarchie, composée essentiellement d'opportunistes, est structurée en réseaux auxquels chacun de ses membres est tenu d'appartenir pour accéder à son poste. Ainsi, tous étant redevables de quelque chose, ou espérant quelque chose, ils agissent sans avoir la notion du service public, mais celui de défendre avant tout leur intérêt particulier. Voilà à quoi se réduit la devise de « fraternité » de notre République : l'entraide fraternelle d'une minorité d'initiés, y compris lorsqu'il s'agit de s'acharner sur un citoyen.

Je précise à ceux qui pourraient froncer les sourcils à la lecture du paragraphe précédent que je n'ai aucunement l'intention d'émettre une quelconque théorie du complot, et que mon propos n'est pas de généraliser, à travers mon expérience personnelle, la situation dans laquelle se trouve notre pays. J'affirme cependant que cette réalité s'impose à tous, et qu'il convient de l'appréhender avec pragmatisme pour comprendre le danger auquel nous sommes tous exposés, ne serait-ce que pour en protéger les générations futures.

Je vais donc vous raconter ici comment et pourquoi j'ai tout perdu, afin que chacun puisse en tirer lui-même les conséquences. Mais permettez-moi d'abord de présenter brièvement mon parcours dans la police nationale.

*
**

Je ne suis pas de ceux qui ont toujours rêvé d'être policier, ni de ceux qui ont embrassé une carrière par tradition familiale. Ce métier est arrivé à moi par le plus grand des hasards.

Alors que j'étudiais le droit à l'Université Jean-Moulin (Lyon III) sans certitude quant au métier que je voulais exercer, une conversation entre étudiants a attiré mon attention. Il s'agissait pour eux d'évoquer l'inscription à un concours administratif en vue d'intégrer la police. S'en est suivie une réflexion à l'issue de laquelle je décidais, pour me faire une idée, d'effectuer mon service national dans cette institution.

Je fus donc incorporé en décembre 1994, et après deux mois de classe, je fus affecté au Commissariat de Bron en tant que policier auxiliaire, à la brigade des îlotiers.

J'ai alors eu cette révélation, comme une évidence : le métier de policier, ou plus précisément les métiers que proposait la police nationale, correspondaient en tous points avec ma personnalité, et je n'imaginais plus faire autre chose de ma vie. J'avais trouvé ma voie, et étais déterminé à prendre cette place dans la société, et non des moindres, puisqu'il s'agissait de participer ni plus ni moins à sa protection. Que pouvait-il y avoir de plus valorisant ?

J'ai donc passé le concours de Gardien de la Paix, et j'ai intégré la 141e promotion à l'Ecole Nationale de Police de Châtel-Guyon, dans le Puy de Dôme.

Après cette année de formation, je fus affecté au Commissariat des Lilas en Seine-Saint-Denis, où j'ai exercé tour à tour mes fonctions en brigade de roulement de jour, puis de nuit, avant d'intégrer la Brigade Anti-Criminalité.

Muté à ma demande à la circonscription de Sécurité Publique de Lyon en 2000, j'ai été affecté à l'Unité de Police de Proximité de Vénissieux, en charge du secteur des Minguettes, et ai passé parallèlement mon « bloc OPJ », appellation de l'examen permettant d'exercer les fonctions d'officier de police judiciaire.

J'ai ensuite intégré la Sûreté Départementale du Rhône, où j'ai exercé à la Brigade Financière, puis à la Brigade de Protection de l'Enfance et de répression des Agressions Sexuelles, passant dans l'intervalle les examens me permettant d'être nommé Brigadier, puis brigadier-chef de police.

J'ai exercé ensuite au service judiciaire de nuit traitant les urgences nocturnes sur l'ensemble de l'agglomération lyonnaise, puis à l'Unité de Surveillance et de Protection du Palais de Justice, et enfin au commissariat divisionnaire de Lyon 3e/6e arrondissements, où ma vingtième année de carrière sera aussi la dernière.

C'est cette fin de carrière brutale que je vous propose de découvrir, chronologiquement, en partant de septembre 2014, lorsque tout a basculé, avec des conséquences qui sont loin de se limiter à une simple perte d'emploi.

Ces événements étant dignes d'une pièce de théâtre, voici donc, en dix-neuf actes, la chronique d'une mise à mort sociale savamment orchestrée.

ACTE I

FACEBOOK : UN ESPACE DE LIBERTÉ VIRTUELLE

« *Je ne crois pas que ce soient les ordinateurs eux-mêmes qu'il faille redouter, mais bien plutôt la façon dont la culture digérera leur présence.* » Seymour Papert.

Nombreux ont été ceux qui ont loué les vertus de réseaux sociaux s'agissant d'un espace de libre expression, allant jusqu'à leur prêter un rôle émancipateur, notamment au cours de ce que les journalistes ont appelé « le printemps arabe ». Peut-être devraient-ils s'intéresser au sort de tous les dissidents identifiés et interpellés justement à cause de leur prise de position publique sur ces fameux réseaux sociaux avant d'en faire l'éloge, mais c'est une autre histoire.

Pour ma part, comme des millions de Français, j'ai ouvert un compte sur le réseau social Facebook, en 2011, avec un profil anonyme. Ayant créé préalablement un site internet de publications gratuites en ligne de poèmes, nouvelles, contes ou romans, ouvert aux jeunes auteurs et intitulé racontemoi.fr, j'avais choisi le pseudonyme « Sébastien Racontemoi ».

Mon réseau d'amis virtuels était essentiellement constitué de personnes qui avaient la littérature pour principal centre d'intérêt. La plupart étaient de jeunes auteurs, comme le romancier Ghislain Gilberti, mais aussi de plus aguerris, qui profitaient de la tribune que je leur offrais pour publier des textes impossibles à éditer dans leur pays d'origine, comme le Marocain retraité de l'enseignement national au Maroc M'hamed Laabali.

Au fil du temps, mon site littéraire fut un espace d'édition employé par des centaines d'auteurs, et mon compte Facebook s'était enrichi de quelques 3.000 « amis ». Ce centre d'intérêt était l'un de mes loisirs, l'un des espaces où je pouvais me consacrer bénévolement à tout autre chose que les affaires auxquelles j'étais confronté quotidiennement dans mon univers professionnel. D'ailleurs personne ne savait ce que je faisais dans la vie, et c'était très bien ainsi…

Parallèlement, l'idée m'est venue avec une jeune libraire de créer un groupe intitulé « Bouillon de culture sans Pivot », toujours sur Facebook, qui avait l'ambition de rassembler des personnes diverses et variées autour de sujets culturels, le mot d'ordre étant de « s'enrichir les uns des autres ». Vaste programme, je l'accorde volontiers. Administré par un professeur de musique, c'était cependant un espace vivant, et très récréatif.

Progressivement, j'ai partagé sur mon profil des informations en phase avec l'actualité du moment, et nous échangions également sur des sujets plus politiques. Cela m'a valu d'ailleurs quelques inimitiés, du fait que mes opinions que j'ai pourtant toujours eues, et qui sont clairement marquées à droite, ont été vivement critiquées au motif que tout ce qui n'entre pas dans la catégorie dominante de la « bien-pensance » est nécessairement combattu par certains avec une violence et un sectarisme inouïs. J'ai découvert alors qu'on rencontrait beaucoup de personnes qui se présentent volontiers comme étant ouvertes aux autres tout en étant les plus sectaires, et que, curieusement, elles ont toutes pour point commun d'être de gauche.

Quoi qu'il en soit, je préférais de loin perdre quelques contacts sur un réseau social, même s'il s'agissait de personnes avec qui j'échangeais régulièrement depuis des années, que de renoncer à mes idées. Après tout je ne m'étais jamais intéressé aux leurs, et n'allais pas accepter d'être jugé pour les miennes dès lors que chacun est censé être libre de ses opinions. D'autant que tout cela restait à mes yeux parfaitement anodin. Du moins le croyais-je…

A l'occasion d'une conversation sur mon lieu de travail, j'ai évoqué avec une jeune Gardien de la Paix l'existence de mon violon d'Ingres virtuel. Comme elle avait elle-même un profil sur Facebook, elle a proposé de rejoindre la liste de mes contacts, affirmant qu'elle était passionnée de littérature. En acceptant, je n'imaginais pas que ce serait là une erreur magistrale, pour ne pas dire la plus grave erreur qu'il m'ait été donné de commettre au cours de ma vie, et dont vous allez découvrir les conséquences.

Nous étions en septembre 2014. L'actualité internationale s'était invitée au menu des conversations que j'entretenais avec les autres internautes, et elle n'était pas joyeuse. Chacun y allait de son commentaire, ou partageait des informations qui étaient peu disponibles au grand public, car non relayées par les principaux médias.

Le groupe Etat Islamique venait de s'emparer de la ville de Mossoul en Irak et d'instaurer le Califat par la voix de son leader, se faisant appeler Abou Bakr-Al Baghdadi.

La majorité des radios et des chaînes de télévision ne cessaient alors de relayer un appel lancé par ces islamistes à tuer les « sales et méchants Français », et leurs alliés, en préconisant le mode opératoire : « *frappez sa tête avec une pierre, égorgez-le avec un couteau, écrasez-le avec votre voiture, jetez-le d'un lieu en hauteur, étranglez-le ou empoisonnez-le* ».

J'avais personnellement conscience que cet appel au meurtre n'avait rien d'anecdotique, qu'il se passait quelque chose de grave, voire d'inédit, bien que notre pays eût déjà été la proie d'actes de terrorisme islamique par le passé sur son territoire (je gardais en mémoire l'affaire Khaled Kelkal qui s'était déroulée alors que j'étais policier auxiliaire à Bron, d'où il a été localisé et pris en chasse après avoir ouvert le feu sur des collègues, avant d'être neutralisé quelques jours plus tard par les gendarmes). La différence était qu'entre-temps les islamistes étaient devenus largement plus nombreux en France, qu'ils y avaient pignon sur rue, et que par conséquent la menace d'un passage à l'acte était à prendre très au sérieux, comme le cas de Mohammed Merah en 2012, qualifié à tort de « loup solitaire », l'avait illustré dans toute son horreur.

C'est alors que l'inévitable se produisit, non pas sur notre sol, mais en Algérie, où l'un de nos compatriotes, Hervé Gourdel, féru d'alpinisme, s'était rendu spécialement pour exercer sa passion.

Enlevé par un groupe d'islamistes, il fut exécuté sauvagement le 23 septembre 2014 après un long discours d'allégeance au groupe Etat Islamique prononcé par ses ravisseurs. La scène de sa décapitation à vif, au couteau, fut filmée et diffusée largement sur internet. Cet homme innocent venait de perdre la vie au seul motif qu'il était français, et son exécution perpétrée au nom d'un islam belliqueux qui venait de nous déclarer la guerre.

Cet événement suscita naturellement de vives réactions sur les réseaux sociaux, la colère et l'indignation légitimes de nombre d'entre nous étant largement partagée. Je relayais notamment des condamnations de mes contacts algériens qui étaient horrifiés par cette exécution, qui n'était pas sans rappeler ce qu'ils avaient vécu au cours de la guerre civile contre les islamistes.

Le journal algérien El Watan révèlera plus tard que le corps d'Hervé Gourdel fut retrouvé enseveli en deux endroits distincts, la tête d'un côté et le corps de l'autre, sur un lieu de passage fréquenté par les populations rurales, les deux sépultures étant piégées par des mines anti-personnel. Il fut rapatrié sans bruit, et aujourd'hui rares sont ceux qui s'en souviennent.

Au fil de mon parcours professionnel, notamment en Seine-Saint-Denis ou lorsque j'étais en poste à Vénissieux, j'ai été sensibilisé à la menace islamiste.

J'avais participé à une formation dispensée par les renseignements généraux (ils existaient encore), sur la question. Et la situation était déjà alarmante.

Des salafistes faisant l'objet de fiches S avaient pignon sur rue, et les moyens mis en oeuvre pour les surveiller commençaient à fondre comme neige au soleil. Ce n'était visiblement pas la priorité, et pourtant le quartier des Minguettes, comme d'autres cités de la banlieue lyonnaise, connaissait son lot de recruteurs de candidats au djihad, dont plusieurs se sont retrouvés à Gantanamo après les attentats du 11 septembre 2001, jour où j'ai pu assister à des scènes de liesse ainsi qu'à des tags en hommage à Oussama Ben Laden sur les murs du quartier.

Par conséquent ien ni personne ne saura me convaincre que le crime dont a été victime Hervé Gourdel n'a rien à voir avec l'islam. Cette propagande, visant à toujours vouloir dissocier la religion au nom de laquelle sont commis ces actes alors même que leurs auteurs s'en revendiquent en s'appuyant sur une application à la lettre du Coran et des hadith est insupportable. Car si certains estiment que l'islam doit se réformer est une chose, nier que c'est en son nom que des groupes tels que l'Etat Islamique puissent agir en est une autre.

C'est donc d'abord à l'islam que je m'en suis pris en réagissant à l'exécution d'Hervé Gourdel dans mes publications sur Facebook.

J'ai également clairement identifié notre ennemi : les islamistes, à commencer par le fameux Abou Bakr-Al Baghdadi, que j'ai représenté dans l'oeilleton d'un viseur de fusil sniper.

J'ai critiqué leur modèle : le prophète Mahomet, et j'ai relayé une photo des Femen tunisiennes brûlant un drapeau noir comportant la profession de foi de l'islam devant la grande mosquée de Paris.

Ces coups de gueule ne servaient certainement à rien, mais nous étions nombreux à réagir, dans l'émotion, et l'instantanéité que permettent les réseaux sociaux. Je pensais même que ce genre de défouloir, en ce qu'il permet d'évacuer la colère, valait toujours mieux que d'en arriver à ce qu'elle s'exprime dans la rue, au risque d'enclencher des violences incontrôlables.

Ce que j'ignorais, c'est que cette expression dont je me croyais libre venait de sceller ma mise à mort sociale, à l'initiative et par le truchement de cette collègue Gardien de la Paix évoquée supra, à qui j'avais fait confiance, n'imaginant pas à quel point j'avais eu tort.

J'allais découvrir à mes dépens le côté sombre de Facebook : celui qui consiste à permettre à des personnes de nuire à leur prochain, sous couvert de leur mise en contact autour de prétendus centres d'intérêts communs. Mon métier m'a pourtant donné maintes fois l'occasion de me familiariser avec la nature humaine, mais ce que j'allais vivre allait être un révélateur d'un type de comportement que je n'aurais jamais cru possible au sein de la police nationale.

ACTE II

UN ACTE DE DÉLATION SUIVI D'EFFET

« *Il est de l'intérêt de tout gouvernement de rejeter le système affreux des délations : c'est la source intarissable des haines et des vengeances, des méfiances intestines, de la perte des moeurs.* » Malesherbes.

Avant d'en arriver à l'origine du processus ayant abouti à ma mise à mort sociale, il convient de planter brièvement le décor, afin de bien situer la scène dans son contexte.

Le commissariat divisionnaire de Lyon 3ème et 6ème arrondissements est implanté dans un quartier où la démographie est comparable à celle de Barbès à Paris, à cette différence que la population issue de l'immigration s'y est concentrée bien plus récemment, suite à une politique de relogement après destruction d'immeubles dans les villes périphériques telles que Vaulx-en-Velin ou Vénissieux, l'idée étant de promouvoir la « mixité sociale ».

A proximité du commissariat se trouve la place du Pont, haut-lieu des trafics en tout genre, en particulier de la vente de cannabis. La plupart des boutiques du quartier sont des commerces communautaires proposant des produits et services orientaux, quand ce ne sont pas des accoutrements dont le port est interdit sur la voie publique : burqas et autres voiles intégraux.

La responsabilité de ce service venait d'être confiée à un jeune commissaire pour qui cette affectation était un tremplin pour son déroulement de carrière.

Chaque année, juste en face du commissariat, se déroule le marché du Ramadan, c'est à dire la mise à disposition par la municipalité d'un espace public au profit d'une association communautaire : l'Organisation Quartier Peri (OQP), qui récolte ainsi des fonds en permettant la vente de denrées alimentaires « faites maison » par des particuliers.

Des incidents avec les forces de l'ordre sont à déplorer régulièrement à l'occasion de cet événement (quelque peu contraire au principe de laïcité dans les espaces publics), au point que cela dégénère parfois en émeute, sans réelle réponse effective, comme ce fut notamment le cas en juillet 2014, où un banal contrôle routier d'un couple de clients du marché du ramadan s'était achevé par un rassemblement de près de 200 personnes ayant jeté des projectiles sur le commissariat où avait dû se retrancher l'équipage intervenant, foule qui ne fut dispersée qu'à l'aide de grenades lacrymogènes.

L'adjointe aux affaires sociales à la mairie de Lyon, Zorah Ait-Maten (PS), présente au sein de la foule, avait d'ailleurs envisagé publiquement de déposer plainte contre… la police suite à cette opération de maintien de l'ordre, avant d'en être dissuadée par le maire au vu du tollé général provoqué par sa démarche, pourtant symptomatique de ce qui se passe actuellement à l'échelle nationale.

Deux individus figurant parmi les émeutiers ont été identifiés grâce à l'exploitation des enregistrements de la vidéo-surveillance de la Ville, et n'ont été condamnés qu'à des heures de travail d'intérêt général. Pour mémoire, plusieurs fonctionnaires de police avaient été blessés, plusieurs véhicules administratifs dégradés, ainsi que la façade du commissariat et une caméra de surveillance. Un simple détail, sans doute.

Le taux de délinquance de ce secteur est l'un des plus importants de la ville, dont le maire, le socialiste Gérard Collomb, est devenu entre-temps, à l'heure où j'écris ces mots, Ministre de l'Intérieur dans le premier gouvernement mis en place par le président de la République Emmanuel Macron.

Par ailleurs, les salafistes se sont implantés dans le quartier, où ils s'affichent ostensiblement, et où ils contrôlent sournoisement les bonnes moeurs des femmes musulmanes qui oseraient s'émanciper un peu trop en imitant le mode de vie occidental. De plus, chaque jour, ils avaient mis en place un rituel particulier, celui consistant à envoyer deux femmes intégralement voilées s'asseoir sur un banc juste en face du commissariat à l'autre bout de la place sur laquelle donnait l'école où étaient scolarisés les enfants qu'elles venaient chercher. Inutile de préciser que si l'un d'entre nous avait voulu faire respecter la loi en les contrôlant en vue de procéder à leur verbalisation, il aurait sans doute déclenché le même genre d'émeute que celle que je vous ai décrite supra, et aurait dû personnellement en répondre.

Bref, il s'agissait d'un commissariat comme il en existe des centaines d'autres en France, et dont la salle d'attente ne se désemplit jamais, à l'exception de la nuit, les victimes devant parfois patienter plusieurs heures avant d'être prises en compte, les effectifs en présence faisant de leur mieux.

Voici donc l'endroit où je prenais mon service chaque matin, jusqu'au jour fatidique où, à peine arrivé, on me fit savoir que le commissaire voulait me voir de toute urgence.

Je me suis donc présenté à son bureau, et il m'a demandé de m'asseoir. Etalées devant lui se trouvaient les copies d'écran de mes publications Facebook. J'étais à la fois surpris et indigné, comme si une partie de ma vie privée avait soudain été révélée au grand jour.

Je demandais des explications, mais compris rapidement que c'est moi qui serai tenu d'en donner.

Le commissaire voulut savoir si j'étais l'auteur de ces publications. Je répondis par l'affirmative, lui faisant toutefois remarquer qu'elles n'étaient pas censées se retrouver sur son bureau, et que je n'en comprenais pas les raisons.

J'avais nécessairement été dénoncé par la Gardienne de la Paix du service à qui j'avais fait suffisamment confiance pour l'accepter au sein de mes contacts Facebook : Ouarda L. Je fis savoir que je trouvais ces méthodes inacceptables, sans que cela n'émeuve le moins du monde le jeune commissaire, qui m'informa avoir prévenu le Directeur Départemental de la Sécurité Publique, et qu'une enquête administrative allait être ouverte.

Je précise que le Directeur Départemental de la Sécurité Publique est la plus haute autorité locale de police, et que ce poste était à l'époque occupé par le Contrôleur Général Albert Doutre, un homme qui avait démontré tout au long de son parcours professionnel qu'il pouvait s'acharner personnellement sur ses subordonnés, y compris les moins gradés, dès lors qu'il les avait – à tort ou à raison – dans le collimateur. Il pratiquait ainsi, et alors même que cela est constitutif du délit de harcèlement moral, les sanctions déguisées, notamment les mutations « dans l'intérêt du service » en dehors de toute procédure disciplinaire, dans le seul but de nuire au fonctionnaire concerné, parfois jusqu'à ce qu'il craque littéralement. Je ne m'attendais donc pas à ce qu'il me fasse de cadeau, mais j'étais encore loin du compte.

Ma dénonciatrice ayant décidé de m'éviter soigneusement, et un certain malaise au sein du commissariat commençant naturellement à naître, j'insistais auprès du chef de service pour qu'il organise une confrontation dans son bureau, ne serait-ce que pour comprendre ses motivations.

Nous nous retrouvâmes donc côte à côte dans le bureau du commissaire.

Les motivations de cette personne qui avait trahi ma confiance en s'adressant à notre hiérarchie sans prendre la peine de venir m'en parler furent clairement expliquées, et j'en fus stupéfait.

Je l'entendis me reprocher d'avoir blasphémé, que ses parents étaient des musulmans pratiquants qui faisaient régulièrement le pèlerinage à La Mecque, et qu'elle s'était sentie visée, que je n'étais qu'un « raciste » se « cachant derrière son uniforme », et qu'elle était a contrario très ouverte puisque mariée à « un Français ».

Cette confrontation n'avait servi à rien, et je n'allais certainement pas m'excuser d'avoir commis un blasphème où d'être raciste aux yeux d'une personne que je n'aurais d'ailleurs jamais acceptée parmi mes contacts si je l'avais été.

J'avais le sentiment d'avoir participé à un procès d'intention où je devais me justifier de mes opinions que je me croyais pourtant libre d'avoir et de pouvoir exprimer en dehors du service sans avoir à m'en expliquer sur mon lieu de travail. Ce n'était pourtant rien à côté de ce qui allait suivre…

*
**

Fort de cette expérience, et au fil des témoignages qui me parvenaient, je pris conscience qu'un des piliers de toute démocratie était en train de s'effondrer insidieusement dans notre pays : celui de la liberté d'expression, cette liberté fondamentale dont l'expression devenait à géométrie variable du fait d'une judiciarisation de la pensée, dès lors qu'elle s'éloigne du politiquement correct, cette doctrine tout droit importée des pays anglo-saxons, en proie au multiculturalisme.

Des gendarmes de la pensée s'étaient vu octroyer le droit de définir qui pouvait dire quoi et comment, par la possibilité de déclencher des procédures en signalant aux procureurs des propos dont ils étaient seuls à définir s'ils étaient acceptables, et ce même en l'absence de victime pouvant apporter la preuve d'un préjudice quelconque qu'elle aurait subi.

Ce droit de censure, épargnant certains pour s'acharner sur d'autres, était devenu une arme politique visant à museler certains courants d'opinion, en particulier ceux qui tentaient de dénoncer certaines réalités passées sous silence par les médias les plus influents. C'était d'autant plus inacceptable que ces nouveaux censeurs étaient regroupés en associations politisées et subventionnées, dont l'action était largement subjective et critiquable.

L'idée nous vint avec quelques amis de créer une association Loi 1901 : l'Association Nationale de Défense Egalitaire de la Liberté d'Expression

(ANDELE), dont j'acceptais la présidence à condition qu'elle n'ait pas pour objet d'assurer la défense de mes intérêts, pour des raisons d'éthique personnelle, et dont les statuts furent déposés à la Préfecture du Rhône en décembre 2014.

Cette association allait me permettre de lutter contre le phénomène de délation qui s'étendait dans notre société, la surveillance des uns par les autres étant devenue la règle, comme en rêvent les plus sombres dictatures, et comme mon cas personnel en était l'un des exemples flagrants.

J'allais découvrir à mes dépens que les conséquences de ce genre de délation peuvent aller au-delà de l'imaginable pour tout esprit rationnel, dès lors que toute dictature, y compris celle de la pensée unique, repose nécessairement sur le zèle d'exécutants serviles.

ACTE III

PREMIÈRES MESURES ADMINISTRATIVES

« *Administration : mot femelle qui commence comme admiration et finit comme frustration.* » Georges Elgozy.

Si les fonctionnaires de police sont soumis à des règles de déontologie, lesquelles sont définies par le Code de Déontologie de la Police et de la Gendarmerie Nationale, aucune d'entre elles ne concerne l'expression anonyme de ses opinions sur les réseaux sociaux.

Par ailleurs, dans la fonction publique, aucun texte ne définit la notion de faute disciplinaire, laissée à la libre appréciation de l'autorité hiérarchique. Et c'est justement, du moins en théorie, pour déterminer si j'avais commis une faute disciplinaire que j'allais faire l'objet d'une enquête administrative.

Dans l'attente de cette enquête, des premières mesures administratives ont été prises, dont je vous laisse apprécier la pertinence et la proportionnalité.

La première fut de me désarmer provisoirement. La conséquence directe de cette décision est qu'elle interdit de facto toute possibilité d'exercer sur la voie publique.

La seconde fut de m'affecter dans un autre service, en l'occurrence le commissariat de Lyon 7e arrondissement, à un poste consistant à prendre les plaintes le matin et à gérer le matériel l'après-midi. Pour dire les choses autrement, ce fut une mise au placard pure et simple, et une déresponsabilisation brutale à durée indéterminée. On me demanda toutefois de continuer simultanément à gérer mes dossiers en cours, ce qui était humainement impossible.

Cependant, je pris sur moi et m'adaptais à cette nouvelle situation professionnelle, n'hésitant pas à prêter main-forte à mes nouveaux collègues qui profitaient de la proximité d'un officier de police judiciaire pour solliciter quelques conseils.

Les locaux, mis à disposition par la mairie, étaient particulièrement vétustes, comme c'est hélas souvent le cas des commissariats. Au sous-sol se trouvait une grande remise dans laquelle étaient entreposés du matériel de bureau et un bric-à-brac innommable. Entre les étagères était placé un bureau sur lequel trônaient plusieurs piles de paperasses à classer, et un ordinateur. C'était le quartier général d'où j'allais devoir gérer les commandes de fournitures ainsi que les rendez-vous d'entretien des véhicules administratifs : un poste qui n'a bien entendu jamais été occupé par un brigadier-chef. La commissaire du 7e arrondissement en avait parfaitement conscience, mais le remplacement suite au départ à la retraite du fonctionnaire chargé du matériel n'ayant pas été prévu, mon arrivée soudaine ne lui laissait d'autre choix que de m'affecter à mi-temps à cette tâche.

Un regard extérieur aurait pu considérer que ma nouvelle situation professionnelle était déjà une sanction en soi, laquelle, au regard de ce qui pouvait m'être reproché, était disproportionnée. Pourtant, rien de ce qui avait été décidé jusqu'ici me concernant n'était constitutif d'une sanction. Officiellement, il s'agissait de désarmement et de déplacement « dans l'intérêt du service », formule consacrée pour justifier l'injustifiable, et que j'appelle pudiquement « premières mesures administratives ».

Il existe, au sein de la Direction Départementale de la Sécurité Publique du Rhône, un service placé directement sous l'autorité du directeur, chargé d'effectuer les enquêtes administratives et disciplinaires : le Pôle de Commandement, Déontologie et Discipline. Il ne s'agit pas de l'Inspection Générale de la Police Nationale, mais d'un service interne parfois chargé en doublon d'effectuer les mêmes missions, sans en avoir ni le statut ni les compétences. C'est ce service qui fut chargé directement par Albert Doutre de procéder à l'enquête administrative me concernant, et qui me convoqua dans ses locaux situés à l'Hôtel de Police de Lyon afin d'y être entendu.

Dans les faits c'est un véritable interrogatoire, bien que le cadre juridique soit purement administratif. Les seules obligations faites aux fonctionnaires mis en cause dans le cadre d'une telle procédure étaient normalement de rendre compte, par rapport, et de faciliter la tâche de l'autorité disciplinaire dans sa recherche des éléments lui permettant de rendre sa décision. En résumé, les policiers sont entendus administrativement en dehors de tout cadre légal, mais cette pratique est largement répandue sans qu'aucun représentant du personnel ne s'en émeuve.

Ayant été moi-même délégué syndical au sein d'Alliance Police Nationale durant de nombreuses années, et ayant refusé d'être détaché pour assurer exclusivement cette mission, j'avais toutefois eu plusieurs fois à intervenir pour défendre l'intérêt de mes collègues face à l'administration, dont je connaissais parfaitement les rouages.

C'est d'ailleurs à cette époque que j'avais été approché une première fois par des réseaux maçonniques auxquels j'avais poliment donné une fin de non-recevoir quant à l'opportunité de les rejoindre. Défendre l'intérêt général ne peut se faire efficacement dès lors que l'entraide entre membres d'une confrérie passe avant, et qu'elle comporte en son sein ceux-là mêmes qui sont censés être nos interlocuteurs au sein de la parité administrative : l'autorité hiérarchique.

En somme, les seules fois de ma vie où j'ai eu à porter un tablier était lorsqu'il m'arrivait de me mettre aux fourneaux pour préparer une spécialité culinaire à mes invités. Je n'imaginais pas que cette réalité allait être bientôt rappelée à mon bon souvenir.

La convocation qui me fut adressée pour être entendu administrativement à l'Hôtel-de- Police à la demande du directeur comportait un droit récent mis en place par une note de service : la faculté d'être entendu en présence d'un défenseur de son choix.

Je me rapprochais donc du délégué départemental du syndicat Alliance Police Nationale, dont j'étais le plus proche, et nous convînmes d'un rendez-vous pour préparer cette audition. La première remarque qu'il me fit fut de souligner que si j'avais nié être l'auteur de mes publications sur Facebook, rien n'aurait pu prouver le contraire, mon profil étant anonyme. Je lui répondis que je n'entendais pas me défiler, que j'assumais totalement mes propos, dont je reprochais simplement la manière dont ils avaient été révélés à ma hiérarchie ainsi que l'interprétation qui en était faite, le tout correspondant à mes yeux à un acte malveillant.

Mon collègue délégué syndical, dont je salue l'engagement et l'investissement, accepta de me défendre en étant présent lors de l'audition, à l'issue de laquelle il remettrait un mémoire comportant un argumentaire détaillé.

Il me donna alors un curieux conseil, qui me fit comprendre qu'il ignorait que je ne faisais pas partie d'une loge quelconque : celui de me rapprocher des adeptes de l'équerre et du compas pour sauver ma peau, conscient comme je l'étais que le directeur Albert Doutre ne me lâcherait pas. J'estimais pour ma part être dans mon bon droit, et que dès lors il me serait suffisant de le faire valoir en m'expliquant pour que ma défense soit efficace. Je pris acte toutefois que l'on me recommandait de m'adresser à des francs-maçons, qui auraient pu m'apporter un secours, et en déduisis a contrario qu'ils pouvaient faire le contraire.

J'aurais dû me douter que quels que soient les arguments que j'aurais pu développer, mon sort avait déjà été décidé, et que le formalisme auquel je devais me soumettre n'avait d'autre but que de donner un habillage à la décision qui avait été prise.

*
**

7 janvier 2015. Les nommés Saïd et Farid Kouachi firent irruption dans les locaux du journal satirique Charlie Hebdo et assassinèrent de sang-froid 12 personnes, avant d'abattre un gardien de la paix. Deux jours plus tard, ils seront eux-mêmes abattus par les forces de l'ordre à l'issue d'une prise d'otage, pendant qu'un troisième individu, le nommé Amedy Coulibaly tuait de sang-froid une policière municipale et prenait d'assaut le magasin Hyper Casher à Paris, tuant quatre autres personnes, et retenant les clients en demandant la libération des frères Kouachi. L'intervention du RAID a permis de mettre fin à cette prise d'otage, le nommé Coulibaly étant abattu alors qu'il ouvrait le feu sur les forces de l'ordre. La France entière était sous le choc.

Tout le monde avait gardé en mémoire le cas de Mohammed Merah, qui en 2012 avait assassiné 7 personnes dont trois enfants juifs dans une école de Toulouse avant d'être abattu par les forces de l'ordre alors qu'il était retranché à son domicile. Il avait été présenté à tort comme un « loup solitaire », un cas isolé, et j'avais personnellement constaté que de nombreux individus pourtant nés en France le considéraient comme un « héros de l'islam ». A l'évidence, il y avait sur notre territoire un nombre important de candidats potentiels au djihad, adhérant aux thèses islamistes désignant l'Occident comme un ennemi à combattre.

Je me rendais au rassemblement silencieux organisé le dimanche suivant à Lyon, et me retrouvais au milieu d'une foule de 300.000 personnes. Le hasard me fit y rencontrer d'anciens collègues, et nous marchâmes côte à côte pendant qu'un hélicoptère de la gendarmerie survolait la manifestation, signalant aux équipages de la Brigade Anti Criminalité au sol les groupes de racailles se rapprochant avec des drapeaux algériens pour qu'ils les interpellent. Tous furent relâchés dès que la foule fut dispersée, et aucune information s'agissant de ces comportements provocateurs ne fut révélée par la presse.

La France venait d'être attaquée, et les premiers éléments de langage tels que « pas d'amalgame » ou « vivre ensemble » commençaient à être martelés comme des formules magiques visant à conjurer le mauvais sort, sans que l'ennemi pourtant clairement identifié ne soit officiellement désigné par nos responsables politiques. C'était l'heure du slogan, des pancartes, et des bougies.

Pour ma part, j'éprouvais une colère silencieuse, et portais un regard sévère sur la responsabilité de tous ceux qui avaient permis qu'on en arrive là.

ACTE IV

UNE AUDITION "POUR LA FORME"

« *Il ne sert à rien de discuter contre l'inévitable. Le seul argument contre le vent de l'Est, c'est de mettre son manteau.* » James Russell Lowell.

Le jour de mon audition administrative était arrivé, et j'étais rejoint devant l'Hôtel-de-Police par mon collègue délégué syndical à qui j'avais donné rendez-vous. Nous nous présentâmes à l'accueil, et je fus annoncé auprès du Pôle de Commandement, de Discipline et de Déontologie.

Un capitaine descendit les étages et nous conduisit dans son bureau. Alors qu'il m'expliquait ce que je connaissais déjà, en l'occurrence la manière dont l'audition allait se dérouler, je sentais comme un malaise dans le ton de sa voix, comme s'il me cachait quelque chose et qu'il était en charge d'effectuer le sale boulot.

Il précisa toutefois sans grande conviction que le but de l'audition était de définir s'il existait un motif de sanction disciplinaire me concernant, avant de s'atteler à la tâche : « nom, prénom, profession ». Un grand moment dans la vie d'un flic.

Je m'expliquais sur chacune des copies d'écran qui avaient été fournies à ma hiérarchie. Je situais le contexte, précisais ma pensée, révélais certains commentaires qui avaient été curieusement passés sous silence, et faisais état d'une réalité : aucun modérateur du réseau social Facebook n'était intervenu, que ce soit suite à un signalement quelconque ou d'initiative, concernant mes publications. Par ailleurs, personne ne m'avait fait part d'une indignation quelconque, mes contacts Facebook et moi-même étant visiblement sur la même longueur d'ondes, à tel point que nous avions décidé à titre symbolique et en hommage à celui-ci de mettre une photographie d'Hervé Gourdel sur notre image de profil.

J'avais le sentiment qu'une partie de mon intimité avait été violée, le sentiment d'avoir été espionné, puis trahi, dans une activité qui n'avait rien à voir avec ma manière de servir ou de me comporter dans l'exercice de mon métier, et ressentais cela comme une profonde injustice.

J'insistais également sur le fait que mon identité et ma qualité de fonctionnaire n'étant pas révélées, il ne pouvait y avoir de retombées quelconques sur l'image de notre institution, et que par conséquent j'estimais que cet anonymat me donnait la possibilité de m'exprimer librement sans préjudice des règles de déontologie auxquelles chaque policier est soumis, y compris lorsqu'il n'est pas en service.

Mon collègue syndicaliste insista sur le fait que j'étais de bonne foi, et que j'aurais parfaitement pu nier les faits pour échapper aux éventuelles poursuites disciplinaires concernant mes publications dont le contenu n'avait été révélé à ma hiérarchie que par l'action d'une collègue à qui j'avais fait confiance. Le capitaine laissa alors une remarque lui échapper : « la police nationale a bien changé ». Cette phrase à elle seule résumait parfaitement la situation.

Cela faisait deux heures et demie que j'étais entendu, lorsque le capitaine m'informa que nous en avions presque terminé. Il imprima le procès verbal qu'il me fit relire, avant d'y annexer le mémoire remis par mon collègue syndicaliste. J'avais le sentiment d'avoir fait le maximum possible pour me sortir de ce mauvais pas, et me surpris un instant à croire que ma sincérité serait récompensée, en particulier s'agissant d'une affaire somme toute aussi insignifiante.

J'avais eu écho de cas similaires où des fonctionnaires de police avaient été inquiétés pour des publications sur les réseaux sociaux. La réponse de l'administration avait été de les faire participer à un stage ayant pour but de les sensibiliser sur les risques encourus, tant sur le plan personnel que professionnel. Serai-je en droit de m'attendre à la même réponse ?

Cette question ne se posa dans mon esprit que le temps de signer le procès-verbal, car immédiatement après le capitaine me regarda et m'informa que le Directeur Départemental de la Sécurité Publique Albert Doutre avait déjà pris la décision de me renvoyer devant le conseil de discipline, allant au-delà de la proposition faite par le commissaire de Lyon 3e et 6e arrondissement de m'administrer un blâme et de maintenir ma nouvelle affectation à titre de sanctions.

Le capitaine m'avisa également qu'Albert Doutre avait décidé d'informer le Procureur de la République afin qu'une enquête pénale soit ouverte, et que je serai convoqué à nouveau afin d'être entendu dans le cadre de cette procédure, et ce malgré l'absence de plainte ou de victime.

Je venais donc de participer à une simple mascarade, à une audition pour la forme, dans laquelle j'aurais pu donner toutes les explications du monde sans que cela ne change rien au sort qui avait été décidé me concernant.

Je fus raccompagné jusqu'à la sortie, où mon collègue syndicaliste échangea encore quelques mots avec moi, le temps d'une cigarette, arguant à juste titre qu'il avait fait tout son possible.

Je pris alors la décision de prendre les devants et de déposer plainte par courrier auprès du Procureur de la République pour dénonciation calomnieuse, vu la tournure que prenaient les événements. J'ignorais alors que la justice ne pouvait m'être d'aucun secours, puisqu'elle allait justement servir d'instrument à ma hiérarchie pour m'exécuter. Le courrier fut cependant envoyé en recommandé, et l'accusé de réception fut la seule réponse qui ne me fut jamais adressée par le Parquet de Lyon.

L'étau dans lequel je me trouvais se resserrait inexorablement. Je compris alors qu'il me fallait les services d'un avocat, et me rapprochais de Maître Gabriel Versini, spécialisé notamment dans la défense des forces de l'ordre et de secours, en qui j'avais une totale confiance.

ACTE V

UN CURIEUX VOLET MÉDICAL

« *La servilité va presque toujours au-delà de l'abus du commandement.* » Sophie Swetchine.

Je crois, pour en avoir été témoin à de nombreuses reprises, en l'aspect psychosomatique de certaines maladies. Je n'ai cependant ni les connaissances ni le recul nécessaires pour affirmer que ce fut le cas de cette sinusite aigüe que j'ai développée peu après mon audition administrative. Ce dont je suis certain en revanche, c'est que jamais ce qui était apparu comme un simple rhume n'avait dégénéré à ce point me concernant.

En quelques semaines, je dus m'arrêter, et consulter un spécialiste qui me prescrivit des inhalations à domicile d'un cocktail de corticoïdes et d'antibiotiques à l'aide d'une machine spécialement louée pour l'occasion, dernière étape susceptible de m'éviter une intervention chirurgicale.

Le traitement fut efficace, et je pouvais envisager ma reprise, laquelle passe nécessairement pour les fonctionnaires de police par une visite de contrôle auprès du Médecin-Chef, c'est à dire du service de médecine administrative qui délivre alors un certificat médical ayant pour but de couvrir administrativement le service d'emploi. C'est habituellement une simple formalité.

Je me présentais donc au service médical, et fus reçu par l'un des médecins qui ayant vérifié l'ensemble des pièces médicales m'informa qu'il avait reçu pour instructions de ne pas me délivrer de certificat médical de reprise et de solliciter une expertise psychiatrique. Très étonné, j'essayais d'en savoir plus, sans avoir d'autre réponse que cette phrase ubuesque : « C'est pour votre bien ».

On me remit donc une convocation, et je dus consulter à nouveau mon médecin généraliste dans l'intervalle afin de solliciter une prolongation de mon arrêt maladie, la médecine administrative n'étant pas habilitée à le faire. Mon médecin, très étonné, me demanda alors ce qu'il se passerait s'il ne me délivrait pas ce certificat médical de prolongation, comme il en avait parfaitement le droit pour ne pas dire l'obligation, puisque j'étais désormais guéri. A l'évidence, ni lui ni moi n'avions la réponse à cette question. La seule certitude qui était la mienne, c'est que si j'avais repris mon service sans le certificat médical de reprise délivré par le Médecin-Chef, j'aurais commis une grave faute professionnelle. Il me délivra donc le certificat de prolongation, dans le but de ne pas me nuire.

Je me rendis au rendez-vous pris devant l'expert psychiatre par mon administration, et fus évalué par ce dernier, qui remit un rapport expliquant que j'étais apte au port de mon arme de service, et au travail de jour comme de nuit. Les services du Médecin-Chef en furent visiblement contrariés, et sollicitèrent une seconde expertise auprès d'un autre psychiatre, qui après m'avoir reçu rendit un rapport dont le contenu allait dans le même sens.

Le Médecin-Chef ne me délivra pas pour autant de certificat médical de reprise, et je dus me rendre régulièrement devant mon médecin généraliste pour obtenir des prolongations afin de ne pas me retrouver en position d'absence illégale, convenant avec lui du caractère pour le moins anormal de cette situation.

A l'évidence, je faisais l'objet d'un statut particulier, que je pourrais non sans ironie qualifier de « suspension médicale administrative ». Plus sérieusement, je savais pertinemment que je me trouvais dans les filets d'Albert Doutre, le Directeur Départemental de la Sécurité Publique, et que ce dernier n'en était pas à son coup d'essai s'agissant de violer les règles élémentaires garantissant le statut des agents de la fonction publique dès lors que l'on avait le malheur de se retrouver dans son collimateur.

Dans mon cas, je trouvais la force de résister. Mais je gardais en mémoire le sort de ceux qui avaient craqué, en particulier celui d'un collègue Brigadier-Major affecté dans un service où il avait perdu toute responsabilité, ne correspondant ni à son profil ni à son expérience professionnelle, qui ne parvenait pas à s'adapter, et qui avait fini par se suicider dans les vestiaires quelques semaines avant son mariage. A ses obsèques, nombreux étaient ceux qui lançaient un regard noir en direction d'Albert Doutre, qui visiblement ne se sentait absolument pas concerné par ce drame. Rappelons qu'une cinquantaine de policiers mettent fin à leurs jours chaque année, et que jamais la responsabilité de leur hiérarchie n'est mise en cause, fût-elle révélée dans une lettre posthume par les auteurs de ce geste désespéré. La version officielle, c'est que ce sont toujours des problèmes personnels qui sont à l'origine de ces drames. Et gare à celui qui briserait l'omerta.

Mon désarmement et les deux expertises psychiatriques dont j'ai fait l'objet à l'initiative de mon administration auraient d'ailleurs pu servir à couvrir certains dans l'hypothèse où j'aurais attenté à mes jours, ou à justifier le traitement particulier dont j'étais l'objet. Manifestement, c'était complètement raté, mais cela n'allait pas pour autant me tirer d'affaire.

Je retenais cependant la méthode, en regardant d'un autre oeil le cas de certains fonctionnaires évincés du jour au lendemain pour des raisons psychiatriques à la suite d'une expertise sollicitée en sous-main par leur hiérarchie sous couvert d'un médecin administratif peu scrupuleux.

C'est là, précisément, que le pouvoir de nuisance d'un réseau tel que la franc-maçonnerie peut s'exercer impunément, et si j'étais jusqu'alors bien tombé, ce n'est pas le cas de tout le monde. Il existe notamment des internements psychiatriques abusifs qu'une nouvelle procédure adoptée en catimini, l'hospitalisation pour péril imminent, favorise au point qu'il n'a jamais été aussi facile de se débarrasser d'une personne jugée indésirable. Mais c'est un autre sujet.

Ce dont je peux témoigner ici, c'est que la médecine administrative a bien été employée pour m'écarter professionnellement, en marge d'une procédure disciplinaire, et en dehors de tout cadre légal, au point d'en étonner jusqu'à mon médecin généraliste, contraint de me délivrer des certificats médicaux de prolongation indus pour sauvegarder mes intérêts.

A ce stade, et puisque tous les coups semblaient permis, j'avais de sérieuses raisons de m'inquiéter sur le prochain déroulement des événements, sans pour autant être en capacité d'en imaginer l'ampleur. La seule chose dont j'étais certain, c'est qu'Albert Doutre ne serait satisfait qu'après avoir pesé de tout son poids pour me démolir. Et j'avais raison.

ACTE VI

UN COMBAT POLITIQUE

« *En vérité, les convictions sont plus dangereuses que les mensonges.* » Friedrich Nietzsche.

Le fait d'avoir été désarmé, et mis à l'écart comme je l'ai décrit, dans l'attente d'un conseil de discipline, pour avoir publié anonymement sur Facebook quelques coups de gueule m'a conduit un temps à une démarche insidieuse : celle consistant à penser que je devais me remettre en question, et que mon attitude était la cause de ce qui m'arrivait.

Je compris rapidement que j'étais au début d'un processus de culpabilisation duquel je devais me sortir le plus rapidement possible pour ne pas sombrer dans le renoncement, et garder les forces nécessaires pour me défendre dans les épreuves à venir.

J'eus cependant cette période de doute, et repassais sans cesse le déroulement de ma vie professionnelle, pour comprendre au final que je n'avais nullement à en rougir, bien au contraire, et que finalement si je n'étais pas autant attaché à ce métier je serais nécessairement moins anxieux.

Comme la plupart de mes collègues, ma vie familiale et professionnelle se sont souvent télescopées, et sans rentrer dans les détails de ma vie privée, celle-ci ne fut pas toujours un long fleuve tranquille. Cependant j'avais du mal à accepter que la stabilité que m'offrait mon métier puisse être fragilisée pour des raisons extra-professionnelles, et j'avais l'impression que le problème islamiste devenait pour certains moins grave que le fait de le dénoncer.

Au vu du traitement qui m'était réservé, j'ai fini à ce stade par me demander si j'étais bien celui que je croyais être ou si je n'étais finalement qu'un voyou. J'ai vu en effet au cours de ma carrière certains d'entre nous franchir la ligne blanche, parfois de manière si grossière que d'aucuns s'accordent à interpréter leurs actes comme une sorte de « suicide social », un comportement radical souvent caractérisé par un vol, afin d'en finir avec ce boulot qu'ils ne supportent plus.

J'ai vu aussi des policiers inquiétés lourdement pour des infractions qu'ils n'avaient pourtant pas commises, se battre contre la présomption de culpabilité qui a tendance à peser systématiquement sur les forces de l'ordre, avec plus ou moins de réussite.

J'ai aussi eu écho, sans les avoir connus, de cas effectifs où des fonctionnaires de police avaient été impliqués dans des affaires gravissimes justifiant qu'ils soient lourdement sanctionnés, posant la question de leur recrutement tant il était évident que leur place n'était pas dans cette institution.

Le politiquement correct s'était-il à ce point immiscé dans nos institutions pour que l'on puisse être inquiété en étant fonctionnaire pour ne pas l'avoir respecté, y compris hors service, y compris de manière anonyme ? Ces questionnements ne menaient à rien d'autre qu'à la certitude qu'il me fallait résister, ne pas subir.

Mon parcours de vie a toujours été celui d'une personne engagée, depuis que j'ai une conscience politique. J'ai mis un point d'honneur à toujours rester neutre dans l'exercice de mes fonctions, mais mes idées sont clairement et définitivement ancrées à droite.

J'ai été adhérent au RPR puis à l'UMP dès sa création, où j'ai activement milité au sein de la branche gaulliste. Il s'agissait pour moi d'abord et avant tout de défendre une vision : celle de la grandeur et de la souveraineté de la France, et de la victoire du pragmatisme salvateur sur les utopies mortifères.

J'ai milité pour Nicolas Sarkozy en 2007, et ai figuré sur une liste divers droite lors des municipales de 2008 à Sainte-Foy-Les-Lyon, arrivée en seconde position. Comme beaucoup de mes amis, j'ai perçu la politique de Nicolas Sarkozy comme une trahison, en particulier concernant la mise en place du traité de Lisbonne, et ai pris mes distances avec l'UMP, tout en militant pour le député de ma circonscription qui lui était resté fidèle. Ce dernier cru d'ailleurs bon de me remettre la médaille de l'Assemblée Nationale, et je l'en remercie.

J'ai ensuite adhéré au Front National pour lequel j'ai activement milité et exercé les fonctions de responsable de secteur, renonçant ainsi à figurer sur la liste des régionales emmenées par Laurent Wauquiez en 2015, sans contrepartie.

Enfin, après avoir dû quitter la ville à la suite de ma perte de revenus, j'ai adhéré au SIEL (Souveraineté Identité Et Libertés), le micro-parti présidé par Karim Ouchikh, qui a pris ses distances avec le Front National tout en soutenant la candidature de Marine Le Pen lors des présidentielles de 2017.

La description de ce parcours vise avant tout à préciser que si mes idées ont toujours été les mêmes, je les ai toujours fait passer avant mes intérêts, en particulier lorsqu'il s'agit des opportunités parfois offertes par les partis politiques, et que je suis de ceux qui ont toujours donné de leur temps et de leur énergie pour défendre une cause sans jamais rien demander en contrepartie.

Le poids de cette orientation politique personnelle, en ce qu'elle était éloignée du pouvoir politique en place au moment où s'est déclenchée mon affaire, a nécessairement pesé sur les suites qui y ont été données. Il faut en effet être bien naïf pour ne pas comprendre que si j'avais eu ma carte au parti socialiste, rien de tout cela ne me serait arrivé.

Il convient de préciser ici que la politisation des hauts fonctionnaires dans la police nationale n'est un secret pour personne, et que concernant les seules préfectures près de 30 % des préfets ont été remplacés suite à l'élection de François Hollande en 2012, ce qui correspond à la plus vaste « chasse aux sorcières » jamais organisée sous la Ve République.

Dans ces conditions ne restaient que les militants ou les carriéristes, qui bien souvent sont les mêmes, et pour qui la notion d'intérêt général n'a aucune espèce d'importance.

Par conséquent n'étant ni franc-maçon ni socialiste, pire encore étant un homme étiqueté à droite, j'étais nécessairement très mal parti…

Cet état de fait contribua à renforcer mes convictions et ma détermination à combattre ceux qui sont censés être en charge de la sécurité des Français mais qui pour des raisons purement personnelles ont fait le choix de la sacrifier avec les lourdes conséquences que nous commencions à connaître - et qui pourtant n'en étaient qu'à leur début - le tout en se réfugiant derrière les « valeurs de la République ».

Certes, il ne m'a jamais été ouvertement reproché mon orientation politique, mais le traitement particulier dont j'allais faire l'objet parlerait de lui-même.

Il allait notamment se caractériser par l'enquête pénale ouverte par le Parquet de Lyon à la demande de ma hiérarchie, et dans le cadre de laquelle j'étais à nouveau convoqué devant le Pôle de Commandement, Déontologie et Discipline à l'Hôtel de Police pour y être entendu.

ACTE VII

DES POURSUITES JUDICIAIRES INÉVITABLES

« *Personne ne peut transférer à autrui son droit naturel, c'est-à-dire sa faculté de raisonner librement et de juger librement de toutes choses ; et personne ne peut y être contraint. C'est pourquoi l'on considère qu'un État est violent quand il s'en prend aux âmes.* » Baruch Spinoza.

Il y eut un moment où je fus convaincu que l'enquête pénale me concernant n'allait pas déboucher sur des poursuites, et que mon audition serait suffisante pour déterminer que je n'avais pas commis d'infraction, et pour amener le procureur de la République à considérer qu'il s'agissait d'abord et avant tout d'une cabale organisée par ma hiérarchie.

Je me suis donc présenté à la convocation en vue de mon audition en étant relativement confiant. Une fois de plus, je dus m'expliquer sur chacune des copies d'écran qui étaient versées au dossier, en rappelant leur contexte, considérant que le délit de blasphème n'existait pas en droit positif, et que mes propos visaient la même catégorie d'individus que ceux qui avaient commis les attentats récents.

L'audition dura près de trois heures, à l'issue desquelles ma collègue en charge de l'enquête m'informa qu'elle allait immédiatement aviser téléphoniquement le parquet pour connaitre les suites. Alors qu'il est d'usage pour ce faire de composer le numéro d'un standard, elle avait toutefois reçu pour instructions d'aviser personnellement le Procureur Adjoint. N'y parvenant pas après plusieurs tentatives, elle m'invita à me retirer en précisant qu'elle me préviendrait ultérieurement.

Je reçus donc quelques jours plus tard un appel de sa part, m'informant que j'étais renvoyé devant le Tribunal Correctionnel de Lyon pour « incitation publique à la haine ou à la discrimination envers une communauté de personnes en raison de son appartenance à la religion musulmane », un délit puni d'un an d'emprisonnement et de 45.000 euros d'amende.

Je compris immédiatement qu'une fois encore, mon audition n'avait servi qu'à donner un habillage juridique à une décision qui avait déjà été prise, et que la manière particulière dont ma collègue avait reçu l'instruction d'aviser le parquet de Lyon en était une démonstration flagrante. J'imaginais Albert Doutre et le Procureur de la République évoquer mon cas lors de l'une de leurs réunions hebdomadaires, devant un café, ce qui était nécessairement conforme à la réalité.

Mon premier sentiment fut d'être exposé délibérément, pour ne pas dire d'être jeté en pâture, à l'occasion d'un procès public dans un contexte de menace terroriste avérée, et j'avais du mal à le digérer. Je me préparais donc à affronter cette épreuve, avec l'espoir et la détermination d'obtenir ma relaxe. J'avais l'impression d'être à bord d'un véhicule dont le moteur s'emballe et sur lequel je n'avais plus aucun contrôle.

Puisque j'étais renvoyé devant le Tribunal Correctionnel, je fis appel aux services de Maître Gabriel Versini, avocat au barreau de Lyon, spécialisé dans la défense des victimes et des forces de l'ordre et de sécurité, que je connaissais depuis de nombreuses années et en qui j'avais toute confiance. Nous convînmes rapidement d'un rendez-vous à son cabinet.

La nature de cette affaire l'indigna, et il me fit part de la possibilité d'obtenir une relaxe pure et simple, et qu'il ferait naturellement tout pour l'obtenir. Je savais cependant que même le meilleur des avocats ne rend pas les décisions de justice, et la tournure que prenaient les choses ne me permettaient pas de partager entièrement son optimisme.

J'évoquais avec lui la plainte que j'avais déposée en dénonciation calomnieuse auprès du Procureur de la République sans qu'il n'y ait de suites, nous décidâmes de déposer plainte avec constitution de partie civile devant le doyen des juges d'instruction, sans résultat.

J'informais en outre Maître Versini que le Procureur Adjoint avait tenu à être avisé personnellement par la collègue chargée de l'enquête à l'issue de mon audition, ce qui ne laissait planer aucun doute sur le fait que mon affaire faisait l'objet d'un traitement spécial.

Par ailleurs, jamais je n'avais connu une telle situation au sein de la police nationale : celle où un chef de service prenait l'initiative de déclencher une enquête pénale signalant au Parquet les publications anonymes d'un de ses subordonnés sur un réseau social, quelle qu'en soit la nature, d'autant que dans cette affaire les faits avaient été eux-mêmes dénoncés par une fonctionnaire de police qui n'était pas concernée.

Certes, en théorie, il est de la seule prérogative du Procureur de la République de décider de l'opportunité des poursuites, et déclencher ainsi l'action publique visant à obtenir la réparation d'un préjudice social, mais quand on a comme moi exercé un métier consistant à rendre régulièrement compte au procureur des enquêtes que l'on mène sous sa direction, on a nécessairement des éléments d'appréciation concernant le traitement judiciaire de certaines affaires, et d'une certaine clémence habituellement constatée pour des affaires bien plus graves que celle qui me concernait.

En somme, je savais que ma profession avait clairement influé sur la décision prise de me poursuivre, d'autant que c'est ma hiérarchie elle-même qui l'avait sollicitée. C'est précisément là que l'égalité théorique de tous les justiciables devant la loi trouve sa limite : dans l'inégalité de traitement dont nous faisons régulièrement l'objet.

Toutes ces particularités me permettaient de craindre que j'allais servir d'exemple, et que dès lors la gravité réelle de ce qui pouvait m'être reproché n'avait que peu d'importance.

J'évoquais enfin avec Me Versini la possibilité de solliciter une audience à huis clos, pour me protéger ainsi que mes proches d'éventuelles représailles, mais il me fit savoir que c'était sans espoir.

ACTE VIII

UN PROCÈS PUBLIC EN PLEINE MENACE TERRORISTE

« *Les pensées sont libres, mais on a quand même des ennuis.* » Karl Kraus.

Avril 2015. Le jour de l'audience était arrivé, et je me présentais accompagné de mon avocat Maître Gabriel Versini à 14 heures devant la chambre du Tribunal Correctionnel de Lyon en charge de me juger. Il n'y avait face à moi aucune partie civile, les représentants et les soutiens de l'Etat Islamique n'ayant manifestement pas jugé bon de solliciter des dommages intérêts.

La salle d'audience était bondée, et je remarquais dans le public composé nécessairement en partie des proches des prévenus qui devaient comparaître pour des délits divers et variés une pluralité d'hommes dont l'accoutrement et la barbe étaient en phase avec la mode vestimentaire du 7e siècle dans la péninsule arabique. En d'autres termes il était évident que leur appartenance à l'islam était revendiquée par leur code vestimentaire, et qu'il ne s'agissait pas d'un courant empreint de modernité.

Alors que l'ordre dans lequel les affaires seraient jugées était en train de se décider, un greffier s'approcha de mon avocat pour lui souffler discrètement : « On devrait attendre »…

Je ne me sentais pas simplement lâché par mon administration. Je me sentais délibérément exposé par elle, ce qui était à mes yeux bien pire. Ce sentiment fut rapidement corrigé par ma réflexion : cette identité intemporelle que d'aucuns nomment hâtivement « l'administration », j'en faisais moi-même partie, et ce dont il était question, c'est d'une certaine hiérarchie.

Mon avocat, et le greffier qui s'était rapproché de lui, purent obtenir que je sois jugé en dernier, me permettant ainsi de limiter mon exposition publique et de réduire le risque de devenir la cible de je ne sais quel islamiste qui aurait pu ainsi connaître l'identité et l'adresse d'un fonctionnaire de police « islamophobe » ayant osé fustiger son prophète, sa religion, et les « valeureux combattants » de l'Etat Islamique.

Personne ne me convaincra que cet aspect des choses, le risque de représailles, n'avait pas été envisagé, et c'était à mon sens et de loin bien plus grave que tout ce qui m'avait été réservé jusqu'alors.

Lorsque ce fut mon tour, au bout de quelques heures, d'être appelé à la barre, la présidente commença naturellement par le motif de ma comparution, et le rappel de mon état civil à haute voix : nom, prénom, adresse, profession.

Je me retournais alors, et constatais que le public s'était clairsemé. Au fond de la salle, j'avais cependant remarqué la présence d'un journaliste de la presse locale, un bloc-notes sur les genoux. Je me doutais bien que des personnes bien intentionnées n'allaient pas se priver d'alerter la presse…

Le procès dura plusieurs heures, les débats furent aussi complets que possible, et je me répétais en me justifiant une troisième fois de chacune des publications contenues dans les copies d'écran versées au dossier, expliquant n'avoir aucunement voulu appeler quiconque à la haine envers l'ensemble des musulmans, qu'il s'agissait au contraire d'une réaction sur le vif à des appels au meurtre suivis d'effet, ce que j'assumais totalement.

J'affirmais également que d'autres publications qui auraient pu faire la preuve de mes intentions réelles n'avaient pas été versées au dossier, comme le partage d'un texte d'un de mes contacts algériens musulman, ou celles du mouvement des musulmans britanniques « not in my name », et dénonçait un tri sélectif opéré dans le but de me nuire.

J'expliquais enfin que j'utilisais Facebook comme un espace d'expression permettant le débat, et qu'aucune de mes publications n'avait suscité d'hostilité quelconque, à l'exception de la collègue ayant décidé de me dénoncer à ma hiérarchie sans même prendre la peine de me contacter au préalable, manifestement plus émue par mes réactions que par la décapitation d'Hervé Gourdel.

Vint le tour des réquisitions du Procureur de la République, représenté par une jeune substitut que je ne connaissais pas. Son discours fut empreint de tous les poncifs, et au fil de ses propos je compris qu'elle n'était que la voix de son maître ayant donné pour consignes de procéder à mon exécution.

J'en fus clairement convaincu lorsqu'elle demanda à ce que je sois condamné à 5 mois prison ferme, à 2.000 euros d'amende, à l'interdiction définitive d'exercer dans la fonction publique, à l'interdiction du port de l'arme pendant 5 ans, et à l'obligation d'un suivi psychiatrique, le tout assorti d'une inscription au bulletin N°2 du casier judiciaire. J'étais sous le choc, et avais l'impression que le sol se dérobait sous mes pieds.

Moi dont le métier était de constater les infractions, d'en rassembler les preuves et d'en rechercher les auteurs pour qu'ils soient traduits en justice, je savais combien ces réquisitions étaient disproportionnées, y compris à l'aune des affaires qui venaient d'être jugées le jour même dans le même tribunal, et dont la gravité des peines encourues était bien supérieure.

La présidente semblait partager ma surprise, se redressant sur sa chaise en jetant un regard interrogateur à la jeune substitut, ayant l'air de lui dire « Vous avez pété les plombs » ?

Ce fut le tour de Maître Versini, qui se lança dans un plaidoyer dont la justesse n'avait d'égal que la faconde, comme à son habitude. Il cita quelques auteurs, comme pour rappeler de qui nous sommes censés être les héritiers, rappela qu'il n'était pas du ressort de ce tribunal de se prononcer sur ce qui somme toute constituait au pire un blasphème, et demanda à ce que je sois relaxé totalement.

Pendant que je l'écoutais tenter de défendre ma cause par tous les moyens possibles, je ne cessais de penser aux réquisitions du Procureur, comprenant que ceux qui avaient décidé d'avoir ma peau iraient jusqu'au bout. J'étais passé brutalement du statut de technicien de la procédure, élément du rouage judiciaire, à celui d'homme à abattre, par la volonté d'Albert Doutre avec la bienveillance de ceux sous la direction de qui j'avais travaillé tant d'années sans que rien ne puisse m'être reproché professionnellement.

Albert Doutre… Qui d'autre que lui aurait pu me tailler un costume au point que le Parquet requiert de telles peines ? Qui d'autre que lui avait saisi la justice et obtenu que je sois renvoyé devant ce tribunal ? Qui d'autre que lui m'avait ainsi exposé à la menace terroriste ?

Alors que je me torturais l'esprit, la présidente annonça que le jugement était mis en délibéré, et je quittais la salle d'audience en faisant part à Maître Versini de mes sentiments, qu'il m'informa partager.

Une seconde épée de Damoclès venait d'être fixée au dessus de ma tête, et je me demandais simplement laquelle des deux tomberait en premier. En tout état de cause, le journaliste présent à l'audience avait de quoi se satisfaire ; il aurait son papier.

ACTE IX

UN FAUX ESPOIR VITE ESTOMPÉ

« *Espoir, Déception : deux ennemis qui s'entendent très bien ensemble.* » Eugène Vivier.

Entre le jugement et le délibéré, je fus enfin autorisé à reprendre le travail, tout en restant désarmé. Je n'aspirais au fond de moi qu'à une chose : retrouver une vie normale, tout en sachant pertinemment que ce n'était déjà plus possible. Je fus donc amené à gérer les commandes de matériel au commissariat de Lyon 7e arrondissement, ce à quoi je m'employais avec tout le sérieux possible.

Ma nouvelle chef de service dut me faire signer ma notation annuelle, laquelle ne fut qu'une salve de plus dans l'exécution administrative dont j'étais l'objet. Il m'était notamment reproché d'avoir été poursuivi en justice alors même que c'était à l'initiative de mon administration. Une curieuse phrase avait par ailleurs piqué ma curiosité, affirmant que j'avais de réelles qualités professionnelles, qu'il me faudrait exercer « hors du périmètre de la police nationale ». J'ignorais en effet jusqu'alors qu'on pouvait être flic en dehors du « périmètre de la police nationale », et me dis avec amusement que j'aurais au moins appris quelque chose, comprenant que la décision prise en haut lieu de me virer d'une manière ou d'une autre avait déjà été prise.

Vint le jour du délibéré, et je me présentais à l'audience avec une certaine anxiété, gardant en mémoire l'incroyable sévérité des réquisitions du parquet de Lyon, avec qui j'avais pourtant travaillé en bonne intelligence pendant tant d'années en exerçant mes fonctions.

Le jugement fut rendu : j'étais condamné à 5.000 euros d'amende.

Cette somme était importante, mais nettement moins sévère que ce qui avait été requis, et j'éprouvais malgré tout un soulagement, qui fut hélas de courte durée. Le Parquet décida en effet immédiatement de faire appel de la décision. S'il existait encore un doute quant à la volonté de me détruire socialement, il venait d'être levé. Je me disais que si une peine d'amende n'était pas suffisante, c'est que mon emprisonnement était envisagé.

A ma sortie du Tribunal, je fus approché par l'antenne régionale de France Télévision qui était venu couvrir l'événement, ainsi que par une journaliste radio. Entre-temps était en effet paru l'article du journaliste présent à l'audience.

En accord avec mon avocat j'acceptais de répondre à leurs questions, sans autre espoir que de fournir ma version et d'éviter un lynchage médiatique. Pour avoir l'habitude de lire le compte rendu de certaines affaires que j'avais personnellement traitées dans la presse locale, je connaissais la subjectivité dont ils étaient capables, l'obtention de subventions publiques étant généralement plus importante que la nécessité d'informer objectivement la population. S'agissant des journalistes de France Télévision, chaîne publique, il ne fallait donc pas s'attendre à des miracles.

Alors que je répondais tour à tour aux journalistes, j'eus la surprise de constater qu'à l'unanimité ils semblaient s'indigner que dans le contexte actuel je puisse être jugé pour un tel motif, en particulier lorsque j'évoquais la publication relative au dirigeant de l'Etat Islamique.

Il y avait sans doute encore un « effet Charlie » qui persistait chez certains journalistes, qui étaient très nombreux à avoir participé à la manifestation historique organisée à Lyon à l'initiative du Club de la presse.

La réalité des lignes éditoriales s'imposa pourtant comme à l'accoutumée, puisque mes réponses furent coupées au montage au bénéfice d'une voix off très politiquement correcte présentant mon cas comme une affaire somme toute banale dont l'essentiel à retenir était qu'il fallait faire attention à ce que l'on publie sur Facebook et qui peut tomber sous le coup de la Loi.

Dès l'instant que je n'étais pas présenté comme un ripou raciste ou xénophobe qui méritait largement son sort, je m'estimais satisfait, car il n'y avait rien d'autre à attendre de ce genre de médias. S'ils avaient fait sérieusement leur travail, ils auraient pu démontrer facilement qu'à travers mon cas personnel se posait le problème du traitement judiciaire à géométrie variable des justiciables, ce qui était le véritable sujet. Mais ce faisant, ils auraient forcément dérangé un pouvoir auquel ils sont largement soumis.

Mon affaire était cependant désormais médiatisée, et je m'accordais avec Maître Versini pour communiquer à chaque occasion. Je comprenais qu'en alertant l'opinion une possibilité s'offrait de pouvoir changer les choses, et d'éviter que d'autres que moi puissent à leur tour subir le même sort.

Je venais de franchir une étape importante, laquelle n'allait certainement pas arranger ma situation, mais qui se traduisait par une détermination sans faille à témoigner. Je savais que ce faisant je risquais de contrarier fortement ceux qui étaient responsables de ma situation, et dont je ne pouvais plus ignorer les capacités de nuisance. Mais s'il s'agissait du prix à payer pour éclairer l'opinion, cela en valait largement la peine.

En attendant, je devais comparaître devant le conseil de discipline.

ACTE X

UN CONSEIL DE DISCIPLINE SOUS HAUTE TENSION

« *Quand vient l'heure de l'adversité, tous deviennent courageux contre celui qui tombe.* » Lord Byron.

Nous étions en juin 2015, et le Directeur Départemental de la Sécurité Publique Albert Doutre, qui avait décidé de régler personnellement mon cas, était sur le point de partir en retraite. Il avait cessé ses fonctions en soldant ses congés, et allait « rendre son tablier » dans quelques semaines.

Il tint cependant à siéger au conseil de discipline, et revint spécialement pour l'occasion, ce qui me permit d'estimer avec un peu de dérision que le « bénéfice du Doutre » n'allait pas m'être accordé.

Dans la police nationale, un conseil de discipline est présidé par un représentant de l'Etat, en l'occurrence le préfet, et est composé à parité de représentants de l'administration, c'est à dire des chefs de service, et du personnel, c'est à dire de délégués syndicaux. Il étudie les cas qui lui sont présentés à l'issue d'une enquête administrative et disciplinaire, et propose ou non une sanction à l'autorité hiérarchique, qui n'est d'ailleurs pas tenue de suivre ses recommandations.

Il s'agit donc d'un organe purement consultatif, dont le fonctionnement, s'il permet au fonctionnaire qui comparaît devant lui un temps d'expression, n'a aucunement pour objet de permettre la manifestation de la vérité, mais seulement de résumer les faits susceptibles de constituer une faute disciplinaire, dont il convient de rappeler qu'il s'agit d'une notion qui n'est définie par aucun texte et qui est laissée à la libre appréciation de la hiérarchie.

La possibilité d'être assisté par une personne de mon choix étant offerte, ce fut donc accompagné de mon avocat, Maître Versini, que je me présentais devant le conseil de discipline.

L'audience commença par le rappel des faits qui m'étaient reprochés, après quoi je fus invité à prendre la parole. Conscient que dans une telle situation, rien de ce que je pouvais dire n'allait influer sur la sanction disciplinaire dont j'allais de toute façon faire l'objet, je profitais de cette tribune pour dire ce que je pensais de cette cabale.

« Je tiens tout d'abord à remercier monsieur le directeur Albert Doutre, sans qui rien de tout cela n'aurait été possible ». A peine avais-je lancé cette phrase que je pu lire la stupéfaction sur le visage de tous les membres du conseil, à l'exception de quelques sourires en coin du côté des représentants du personnel.

L'arrogance dont je fis la preuve dans mon développement, dénonçant l'attitude du directeur qui n'avait pas hésité à saisir la justice, la décision prise de me désarmer, la curieuse position médicale dans laquelle j'avais été placé et les deux expertises psychiatriques auxquelles j'ai du me prêter, l'amena à se justifier, non sans être surpris qu'un simple flic comme moi osât le mettre en cause, ce dont il n'avait visiblement pas l'habitude.

Il expliqua avoir saisi la justice car il estimait que la gravité des faits le justifiait et que c'était son devoir dans une telle situation, que si le commissaire de Lyon 3e et 6e arrondissement avait proposé un blâme et un déplacement professionnel, c'est qu'il était jeune et inexpérimenté, qu'il était mieux placé pour estimer que cela méritait une sanction plus grave, et que si j'avais été désarmé c'était par mesure de précaution.

J'avais amené le directeur à se justifier devant le préfet, et la tournure qu'avait prise le conseil de discipline relevait du règlement de comptes, au point que plusieurs des membres siégeant ce jour-là m'informèrent plus tard qu'ils n'avaient jamais vu ça.

Le Directeur Régional de la Police Judiciaire crut bon d'intervenir, rappelant que le conseil n'était pas réuni pour faire le procès du directeur, qu'il était choqué par mon manque de respect qu'il jugeait inacceptable, et me posa cette question : « *Que feriez-vous si vous étiez en faction sur la voie publique et que vous voyiez le nommé Abou Bakr-Al Baghdadi ?* »

Je lui répondis que sa question n'avait aucun sens du fait que ce scénario était impossible, mais il insista. J'expliquais alors que j'étais policier, et que j'aurais donc agi de manière professionnelle, comme je l'avais toujours fait au cours de ma carrière, et que par conséquent sa question n'était pas digne de sa fonction. Je l'avoue, cette réponse a eu pour principal effet de jeter un froid.

Mon avocat vint à la rescousse : « *Je vous l'avais dit, il est en colère, il faut le comprendre, il aurait fallu reporter le conseil de discipline au moins jusqu'au procès en appel. Mon client est dans une position délicate, mais j'entends bien plaider et obtenir sa relaxe* ».

Cette tentative de diversion n'eut cependant pas l'effet escompté, et Albert Doutre revint à la charge, exhibant le photomontage représentant Al-Baghdadi dans un viseur en lançant : « *Vous n'avez pas honte de stigmatiser ainsi un imam ?* »

Maître Versini tenta de lui faire remarquer qu'il s'agissait du chef de l'Etat Islamique, que s'il s'était agi d'Adolf Hitler personne n'aurait été choqué, insistant sur les similitudes qu'il pouvait y avoir entre les deux personnages, il qu'il fallait être de mauvaise foi pour qualifier le sieur Al-Baghdadi de simple imam.

Je cru bon d'ajouter que nous étions censés combattre le calife autoproclamé de l'Etat Islamique, et ce à l'échelle mondiale, et que la menace terroriste qui pesait sur la France n'avait rien de fictif.

C'est alors que le préfet, censé présider le conseil de discipline, sortit du silence qu'il avait jusqu'alors observé, pour se justifier curieusement de mettre tous les moyens en oeuvre pour assurer la sécurité de nos concitoyens, en particulier s'agissant des églises identifiées comme des cibles potentielles. Le conseil de discipline venait de basculer dans une sorte de débat politique, comme si nous participions tous à une émission de télévision bas de gamme.

Au bout d'une heure, le moment précieux du déjeûner se rapprochant, le coup de sifflet final de cette grande mascarade administrative fut enfin sonné.

Avant que je ne sois invité à regagner la salle d'attente le temps que le conseil délibère, Albert Doutre posa une curieuse question à mon avocat Me Versini : *« Avez-vous l'intention de déposer plainte contre moi pour harcèlement moral ? »* Maître Versini et moi-même échangeâmes immédiatement un regard étonné. Après tout ce n'était pas moi qui réglais mes comptes par justice interposée au sein de notre institution. Mon avocat lui répondit donc que ce n'était pas dans nos intentions, mais il semblait évident que si Albert Doutre avait posé cette question, c'est qu'il avait conscience d'avoir dépassé les bornes.

A peine avais-je regagné la salle d'attente que l'on me demanda de revenir pour me notifier la décision, ce qui était pour le moins inhabituel, comme d'ailleurs tout ce qui venait de se produire. Je dus rester debout le temps que le préfet m'informe que le conseil allait proposer une suspension temporaire de fonctions et qu'il souhaitait ne plus me revoir.

Un collègue délégué syndical ayant siégé lors du conseil m'informa quelques temps plus tard qu'il n'y eut ni délibération ni vote, et que le directeur Albert Doutre ne s'était pas caché de vouloir ma révocation pure et simple. Je comprenais alors pourquoi j'avais été rappelé si tôt. Le préfet avait pris la décision seul de proposer une sanction exemplaire tout en me permettant de sauver ma place.

Cet aménagement de la chèvre et du chou n'allait certainement pas faire naître en moi un quelconque sentiment de reconnaissance, et il me fallait désormais attendre la décision finale, sachant pertinemment qu'Albert Doutre pèserait de tout son poids pour qu'elle soit la plus sévère possible. Alors qu'il s'était pour le moins acharné sur moi, je l'avais poussé dans ses derniers retranchements, et devais m'attendre à ce qu'il n'en reste pas à cette humiliation publique, tout jeune retraité qu'il allait être.

*
**

26 juin 2015. La tête décapitée d'Hervé Cornara fut découverte accrochée au grillage d'un site industriel de production de gaz à St-Quentin Fallavier, à côté d'un drapeau de l'Etat Islamique, et l'auteur des faits fut neutralisé par les pompiers alors qu'il venait de provoquer une explosion en fonçant sur des bouteilles de gaz à bord d'un véhicule, blessant deux personnes. L'assassin, Yassin Salhi, qui était l'employé de la victime,

se suicidera quelques mois plus tard en se pendant dans sa cellule.

Je participais avec quelques amis au rassemblement silencieux organisé par la famille dans le quartier où Hervé Cornara avait vécu apprécié de tous, et assistais à la prise de parole des élus et du préfet qui insistèrent sur les vertus du « vivre-ensemble » et de la nécessité de ne pas faire « d'amalgame ». J'éprouvais à l'écoute de ces slogans un sentiment de répétition très désagréable, relevant d'un aveuglement sordide.

ACTE XI

UNE SANCTION ADMINISTRATIVE DE L'AUTORITÉ JUDICIAIRE

« *La cruauté est un geste de servitude : car elle atteste que la barbarie du régime oppresseur est encore présente en nous.* » Jean Jaurès.

Les officiers de police judiciaire, dont je faisais partie, exercent sous la direction du Procureur de la République et sous le contrôle du Parquet Général, qui les évalue chaque année par le biais d'une notation. Le Parquet Général gère par ailleurs les habilitations OPJ de tous les policiers et gendarmes de son ressort.

Je reçus par la poste une convocation du Parquet Général m'invitant à me présenter à la Cour d'Appel de Lyon afin d'être entendu administrativement dans le cadre des poursuites judiciaires dont j'ai fait l'objet suite à mes publications sur Facebook.

Il s'agissait bien entendu de statuer sur le maintien de ma qualité d'Officier de Police Judiciaire en marge des poursuites dont j'étais l'objet, ayant été condamné en première instance, et étant dans l'attente d'un procès en appel à l'initiative du parquet.

Je me rendais naturellement à cette convocation, assisté une nouvelle fois par mon avocat Maître Gabriel Versini.

Je fus donc amené à me justifier une nouvelle fois sur les copies d'écran provenant de mon profil Facebook et révélées à ma hiérarchie à l'occasion d'une audition, menée cette fois par l'Autorité Judiciaire, représentée par une avocate générale assistée d'un greffier.

J'avais le sentiment de me retrouver dans le bureau d'un juge d'instruction, tant il était évident que cette énième audition tournait à l'interrogatoire. J'avais face à moi une magistrate qui semblait jubiler, sans que je ne sache pour l'heure si c'était parce que mon cas lui donnait l'occasion de fuir la routine ou si c'était à l'idée de se « farcir un flic ».

Dans tous les cas rien n'était fait pour que j'ignore être en terrain hostile, et je n'avais aucun doute quant à l'étiquette qui m'était collée sur le front, en dépit de la réalité pourtant largement vérifiable de mon parcours professionnel.

Le regard de mon interlocutrice me renvoyait l'image désagréable d'un « beauf » version Cabu, une caricature désormais d'outre-tombe. A l'évidence j'allais inexorablement figurer sur le mur des cons. Mais à l'heure où se posait la question de ma mise à mort professionnelle et, plus grave encore, de ma liberté, c'était le cadet de mes soucis.

Aussi répondis-je à chacune des questions avec la même sincérité que lors des auditions précédentes, sans montrer un instant à quel point j'avais conscience de n'être qu'une souris blessée entre les griffes d'un chat s'amusant à la projeter de gauche à droite avant de lui porter le coup fatal.

Au bout de quelques heures Maître Versini fut invité à fournir ses observations, et je le regardais développer ses arguments en pensant à Don Quichotte prêt à charger les moulins à vent sur les collines de la Mancha.

Je fus ensuite informé que la décision me serait transmise par courrier, et quittais les lieux en sachant que la prochaine fois que je reviendrais serait le jour du procès en appel.

S'agissant de mon habilitation à exercer les fonctions d'officier de police judiciaire, qui était en vigueur depuis près de quinze ans, je reçus comme prévu la réponse par voie postale. Elle m'était définitivement retirée.

Je repensais alors à des cas particuliers où des fonctionnaires avaient été inquiétés par la justice et qui avaient fait l'objet d'un retrait provisoire de leur habilitation, en me disant qu'un retrait définitif n'était qu'un épisode de plus dans le processus de destruction sociale qui avait été décidé me concernant.

Bien entendu, toute intervention du directeur Albert Doutre dans cette affaire relèverait de la paranoïa la plus absolue. Après tout n'avais-je pas eu l'outrecuidance de publier anonymement des choses méchantes sur le réseau social Facebook ? Je l'avais bien mérité. Foutaises.

Je n'avais définitivement plus aucune vision de mon avenir, me contentant de franchir une à une les étapes d'un long processus sur lequel je n'avais aucune prise. Je n'étais pas un soldat effectuant le parcours du combattant, plutôt un condamné à mort tentant d'esquiver les balles pour gagner du temps sans espoir de changer l'issue.

Eviter l'aigreur était un exercice quotidien particulièrement difficile. Je m'accrochais pour cela à quelques certitudes, celles concernant notamment l'homme que j'étais, et le policier qui avait consacré une bonne partie de sa vie à protéger celle des autres.

Quelqu'un qui avait souvent permis la neutralisation d'individus dangereux, et qui bien qu'étant injustement considéré comme tel ne doutait pas d'être toujours du bon côté de la barrière.

Tout cela, le parquet général le savait, ne serait-ce qu'au travers des dossiers m'ayant conduit à témoigner de mes enquêtes devant la Cour d'Assises. A l'évidence ça n'avait aucune importance, de savoir qui j'étais. La seule chose qui comptait, c'était de m'exécuter en bonne et due forme en me laissant juste l'espace nécessaire pour que je puisse me débattre un peu.

Ce que j'ignorais encore, c'est que l'avocate générale qui m'avait entendu et pris la décision de me retirer définitivement mon habilitation à exercer ma qualité d'officier de police judiciaire allait prochainement se rappeler à mon bon souvenir.

ACTE XII

UNE TRANSITION BRUTALE

« *Quand la vérité n'est pas libre, la liberté n'est pas vraie.* » Jacques Prévert.

Octobre 2015. Alors que j'étais en service au commissariat de Lyon 7e, je fus avisé que la sanction administrative me concernant avait été prise. Un officier fut chargé de me conduire auprès du nouveau Directeur Départemental de la Sécurité Publique, chargé de me la notifier.

Il me reçut en expliquant qu'il prenait le train en marche, et qu'il devait me notifier un arrêté de suspension temporaire de fonctions de 24 mois, avec effet immédiat. Il me rappela que durant cette période, plus aucun traitement ne me serait versé, et que je serais considéré comme ne faisant plus partie des effectifs de la police nationale, tout en conservant mon obligation de réserve.

Il me demanda de lui donner ma carte professionnelle, et me fit signer l'arrêté. Je fus ensuite reconduit à mon service afin de récupérer mes effets personnels, et de restituer l'ensemble de mes effets professionnels.

Certains collègues me souhaitèrent bonne chance, d'autres eurent une réaction plus personnelle en me témoignant de leur soutien. Quelques-uns qui allaient partir en retraite dans l'intervalle me dirent au revoir, et je quittais le service dans un silence de mort qui en disait long.

Je demandais à Maître Versini d'exercer un recours administratif contre l'arrêté de suspension provisoire dont j'étais l'objet, sachant que les délais d'attente sont de plusieurs années au vu du contentieux du Tribunal Administratif de Lyon.

Je fus informé plus tard que mon cas était enseigné dans les écoles de police, chaque élève gardien de la paix ayant alors à travers mon exemple l'injonction de ne pas s'exprimer sur les réseaux sociaux sous peine de partager mon sort.

Personnellement, ma première préoccupation était de subvenir à mes besoins alors que je me retrouvais sans revenus du jour au lendemain. Il me fallait réorganiser totalement ma vie et trouver des solutions d'urgence. Parmi les décisions difficiles que j'ai dû prendre, il y eut celle consistant à quitter mon logement, dont je ne pouvais plus payer le loyer.

Ayant malgré moi un temps libre important, je décidais d'en consacrer une plus grande partie à militer politiquement pour le Front National du Rhône. Cela me permettait de conserver une vie sociale tout en me rendant utile.

J'ai dû réduire mon train de vie à son plus strict minimum, et fus en contact avec de nombreuses personnes en situation de grande précarité, envers qui j'ai oeuvré comme je l'ai pu pour leur prêter assistance.

Parallèlement je gérais activement l'association ANDELE et contribuais ainsi à défendre notre liberté d'expression à travers des cas particuliers, grâce à l'action de Maître Versini qui avait accepté d'être notre avocat.

Notre association avait un site internet et une page Facebook, que j'administrais avec les membres du bureau, et je créais un nouveau profil sous le pseudonyme de Sébastien Andele.

Fidèle à ma décision de témoigner de ma situation, je communiquais donc au travers des réseaux sociaux, et fut contacté par un média alternatif m'invitant à venir participer à une interview : TV Libertés. Agréablement surpris par le temps de parole et la liberté accordés par cette interview, je découvris progressivement l'existence des sites de réinformation et pris conscience de leur importance dans un contexte où la libre expression s'effectuait à géométrie variable avec parfois des conséquences dramatiques, comme je l'avais moi-même expérimenté.

Je décidais de proposer bénévolement des articles sur le site Boulevard Voltaire, ainsi que sur le site de l'association Riposte Laïque dont le cheval de bataille était de dénoncer l'implantation de l'islam en France.

Je participais par ailleurs à des colloques, à des émissions de webradios telles que Radio Courtoisie ou Sputnik News, toujours dans le but d'alerter l'opinion sur la réalité de ce qui se passait dans notre pays.

A l'évidence j'étais rentré en résistance, et entendais bien poursuivre sur cette voie durant toute la période où je serais suspendu. De nombreux soutiens commencèrent à se manifester, de tous horizons, et mes prises de parole commençaient sérieusement à déranger, tel un poil à gratter glissé dans les chaussettes de l'oligarchie.

La décision prise de faire de moi un cas d'école pour les jeunes policiers en devenir avait l'effet inverse de celui escompté, et les fonctionnaires de police qui ignoraient encore ma situation furent rapidement informés, nombre d'entre eux me faisant savoir qu'ils avaient eu à subir les foudres d'Albert Doutre alors qu'il était en poste dans d'autres services.

Les nombreux témoignages de soutien qui me furent adressés me déterminèrent à continuer le combat, dont la prochaine bataille allait se dérouler dans la salle d'audience de la Cour d'Appel de Lyon. Mais dans l'intervalle, une nouvelle attaque islamiste allait se produire en France.

*
**

13 novembre 2015. Trois commandos distincts ciblèrent le stade de France, des personnes en terrasse dans les 10e et 11e arrondissements de Paris, et la salle de concert du Bataclan, tuant 130 personnes et en blessant 413. L'Etat d'Urgence fut décrété, et cette fois il n'y eut pas de manifestation de masse, mais un ressentiment légitime et palpable au sein de la population.

La pluralité, la nature et la gravité des attentats perpétrés sur notre sol était sans précédent, et le champ lexical habituel asséné par nos responsables politiques (pas d'amalgame, vivre ensemble, ça n'a rien à voir avec l'islam) commençait à résonner comme une propagande indigeste.

Plusieurs des membres des commandos étaient passés par les filières migratoires déferlant sur l'Europe, d'autres venaient de la commune de Molenbeek-Saint-Jean en Belgique, où celui qui est présenté comme le seul survivant, Salah Abdeslam, a été interpellé et extradé vers la France pour être incarcéré à la maison d'arrêt de Fleury-Mérogis, d'où il n'a pas hésité à se plaindre contre ses conditions de détention tout en gardant un silence total sur les faits.

La revendication de ces attentats par l'Etat Islamique a été faite par le truchement du français Fabien Clain, un converti exilé ayant recruté de nombreux djihadistes dans le quartier du Mirail à Toulouse. Condamné à 5 ans d'emprisonnement en 2009 pour avoir organisé une filière djihadiste en France, il a été libéré en 2012, et a gagné la Syrie en mars 2015, d'où il serait sorti des écrans radars des services de renseignements.

Les Français allaient découvrir le cas des « fichés S » en lien avec des réseaux islamistes, souvent passés entre les mailles de la justice, et libres de leur mouvement, qui allaient être impliqués dans des attentats meurtriers sur leur territoire.

En attendant, c'était à mon tour d'être jugé, pour la seconde fois.

ACTE XIII

UN PROCÈS EN APPEL

« *La vraie mesure de la peine est le dommage causé à la société* » – Beccaria.

Mai 2016. Le jour de l'audience en appel était arrivé. De nombreux soutiens s'étaient manifestés, et m'avaient fait la surprise de leur présence. Des anonymes, visiblement touchés par mon histoire, ont ainsi pris de leur temps pour venir assister aux débats et un service d'ordre particulier avait été mis en place à l'intérieur de la salle à la demande du président. Conscient des sous-effectifs et de la monopolisation inutile de 3 policiers pour assurer la sécurité de ce procès, je ne pus m'empêcher de faire part au responsable du dispositif de mon mécontentement, d'autant que ce n'était certainement pas le public présent qui risquait de semer le trouble.

Le procès en appel commença toutefois par un avertissement du président, affirmant qu'il ferait évacuer la salle au moindre incident. Je ne sais pas qui lui avait laissé entendre qu'un tel risque était possible, mais c'était à l'évidence une crainte totalement infondée, qui frisait le ridicule. Je pris acte toutefois qu'en plus du traitement particulier dont j'étais l'objet, j'étais considéré également comme un fauteur de trouble.

A la place du Ministère Public, je reconnus l'avocate générale qui avait décidé de me retirer mon habilitation à exercer ma qualité d'officier de police judiciaire. A l'évidence, mon sort était entre de bonnes mains.

Curieusement, il n'y avait cette fois aucun journaliste pour couvrir l'événement. L'intérêt qu'ils avaient eu pour le procès initial avait mystérieusement disparu, ce qui n'était pas très respectueux pour leurs lecteurs, dont on peut penser qu'ils étaient en droit de connaître la suite.

S'agissant du public venu assister à l'audience, il n'était composé que de mes soutiens, et étrangement le président leur demanda de tous s'asseoir du même côté de la salle, comme pour mieux les compter.

Le président de la Cour d'Appel, après lecture du rapport rappelant la procédure et les faits qui m'étaient reprochés, lança qu'il s'agissait pour le moins d'une affaire inhabituelle, en particulier quant à son origine. Il alla jusqu'à dire qu'en dépit de son expérience, c'était la première fois qu'il voyait ça. Ce n'est pas moi qui allais le contredire sur ce point.

Les débats commencèrent, et durèrent plusieurs heures, comme en première instance. Si le diable était dans les détails, force est de constater que tout a été fait pour le débusquer.

Ce fut au tour de l'avocate générale de prendre la parole, et ses réquisitions furent pour le moins surprenantes. En effet, elle se targua d'avoir personnellement pris la décision de me retirer mon habilitation d'OPJ, et développa un argumentaire sur ma manière de servir qui était complètement erroné, dépeignant un mauvais élément et des prétendus défauts qui n'avaient pu que lui être soufflés, et je ne pouvais m'empêcher de penser à l'influence d'Albert Doutre concernant ce portrait injuste et éhonté. Je ne doutais plus une seconde de la volonté manifeste de « se farcir un flic », et ne pouvais m'empêcher de penser à cette expression selon laquelle quand on veut tuer son chien, on prétend qu'il a la rage.

Mon expérience et mes qualités professionnelles s'étaient évaporées, et j'étais devenu le dernier des tocards dans un procès relatif à des publications Facebook. A l'évidence, je devais avoir trouvé mon grade et ma qualité dans un paquet de lessive.

L'avocate générale conclut ses réquisitions en réclamant une peine de 6 mois d'emprisonnement avec sursis et mise à l'épreuve, 5.000 euros d'amende, et l'inscription au bulletin N°2 du casier judiciaire, ce qui de facto aurait entraîné ma révocation pure et simple.

Je me demandais alors pourquoi le Parquet avait fait appel du jugement si c'était pour que le Parquet général requiere des peines moins lourdes que celles requises en première instance, avant de réaliser que les réquisitions restaient supérieures à la peine d'amende à laquelle j'avais été condamné.

Une fois de plus Maître Versini développa un brillant plaidoyer, réaffirmant notamment que le blasphème était permis, et que la critique des religions était libre, y compris par un discours provocateur.

Pour ma part j'éprouvais une profonde lassitude d'avoir eu à autant me justifier pour quelques publications dont la portée avait d'ailleurs été bien relative, et par la lourdeur des conséquences qu'elles avaient engendrées suite à une délation et la malveillance de ma hiérarchie. Je me surpris alors à penser qu'il était temps qu'on en finisse.

Aussi, lorsque la Cour annonça que la décision était mise en délibéré, j'éprouvais un soulagement : cette épreuve était enfin terminée.

J'estimais que si l'énergie qui était déployée pour me chercher des poux dans la tête était consacrée à la lutte anti-terroriste, la France ne s'en porterait que mieux, et que si la valeur d'un homme se mesurait à la puissance de ses ennemis, j'avais de quoi me sentir flatté.

Mon sort reposait désormais entre les mains des juges, et je ne pouvais rien faire d'autre que d'attendre leur décision.

Celle-ci fut rendue le 7 avril 2016. Je fus condamné à 200 jours amende à 25 euros avec inscription de la décision au bulletin N°2 du casier judiciaire. Cette décision fut motivée par les « éléments de ressources et de charges connus du condamné », alors que j'étais désormais sans revenus, et que c'était une situation parfaitement connue des magistrats. Par ailleurs il m'était notamment reproché de ne pas avoir précisé l'identité du chef de l'Etat Islamique dans le photomontage le représentant dans un viseur, ne permettant pas de le dissocier d'un « musulman pratiquant ».

Plusieurs de mes publications ayant fait l'objet d'une relaxe partielle, Me Versini estima que c'était un point positif. Après en avoir débattu avec lui, nous décidâmes de porter l'affaire devant un cabinet d'avocats spécialisés, afin d'exercer un pourvoi en cassation.

Nouvelle procédure, nouveaux frais, mais je pensais que cela en valait la peine, d'autant que le pourvoi était suspensif, et que j'étais persuadé pouvoir obtenir la cassation de l'arrêt et un nouveau procès susceptible de se conclure par une relaxe générale.

La peine de 200 jours amende à 25 euros fut donc suspendue le temps du pourvoi, et mon avenir restait illisible. J'ignorais alors que c'est aussi physiquement que j'allais devoir payer le prix fort.

ACTE XIV

UNE MYSTÉRIEUSE AGRESSION

« *La violence est ce qui ne parle pas.* » Gilles Deleuze.

22 avril 2016. Alors que je m'étais rendu à Lyon visiter un ami, et que je quittais son domicile pour me rendre à mon véhicule, je fus brutalement agressé par plusieurs individus qui me projetèrent au sol avant de m'asséner une pluie de coups au visage.

L'intervention rapide d'un passant les mit en fuite, et il appela les secours. Un équipage de police se rendit sur les lieux, ainsi que les sapeurs pompiers qui me conduisirent à l'hôpital.

L'immatriculation du véhicule à bord duquel les individus ont pris la fuite avait été relevée.

Le diagnostic de mes blessures était le suivant : plaie du nez bien délabrée avec perte de substance, plaie du front avec perte de substance, fracture déplacée du processus frontal et de la face orbitaire du zygomatique gauche, fracture déplacée de la grande aile du sphénoïde, fracture bifocale du sinus maxilaire gauche avec aspect d'enfoncement de sa paroi antérieure et fracture déplacée de sa paroi postérieure, hémosinus gauche, trait de fracture à l'union de la grande aile du sphénoïde et de la région squameuse de l'os temporal, pneumorbitie extra conique gauche. J'ai également perdu trois dents.

En résumé, j'étais littéralement défiguré, et dû être opéré pendant deux heures et demie. Trois plaques métalliques ont du m'être apposées afin de reconstituer mon visage. Aux dires du chirurgien, tout était « en mille morceaux », et ce type de blessures ne pouvait en aucun cas avoir été faite à main nue, sous réserve que leur auteur ne se soit lui-même brisé les mains.

Je n'ai pas eu le temps de voir comment ni avec quoi j'avais été frappé, mais à l'évidence, mes agresseurs n'en voulaient pas à mon porte feuille.

Curieusement, un grave dysfonctionnement allait alors se produire concernant l'enquête. En effet, et alors même qu'un équipage de police s'était rendu sur les lieux et qu'il existait des éléments exploitables, aucune enquête de flagrance ne fut ouverte, et personne ne vint prendre ma plainte à l'hôpital. Officiellement, c'est comme si rien ne s'était produit, et par conséquent personne n'était en charge de rechercher les individus qui m'avaient agressé.

Lorsque j'en fus capable, je me rendis donc par mes propres moyens à la gendarmerie proche de mon domicile pour déposer plainte, et la procédure mit plusieurs mois à arriver sur le bureau du Parquet de Lyon.

Un journaliste indépendant, interpellé par cette affaire, proposa de m'interviewer, et j'acceptais à condition que cela se fasse dans le cabinet de mon avocat Maître Gabriel Versini, avec son accord et en sa présence. La vidéo de cette interview fut ensuite diffusée sur internet.

J'ignorais encore, et alors même qu'il aurait été possible d'identifier et d'interpeller les auteurs en quelques heures si l'enquête de flagrance avait été normalement déclenchée, qu'il me faudrait attendre près d'un an avant que l'on ne m'informe de leur placement en garde vue.

Confronté à eux à la demande du procureur de la République, je constatais amèrement qu'ils restaient silencieux sur leur mobile, et particulièrement vagues sur les raisons de leur présence sur les lieux au moment des faits, livrant des versions contradictoires. Un témoin ayant été identifié et entendu par les enquêteurs, ils n'eurent d'autre choix que de reconnaître les violences, tout en les minimisant.

Ils furent présentés au Parquet à l'issue de leur garde à vue puis libérés dans l'attente de leur jugement, à l'issue duquel ils ont été condamnés respectivement à trois et six mois d'emprisonnement avec sursis.

Le moins que l'on puisse dire et que, contrairement à moi, ils avaient bénéficié d'une certaine clémence, et je devais pour ma part m'estimer heureux d'être encore en vie, en acceptant de ne jamais savoir officiellement si mon agression avait été commanditée, ni par qui. Il aurait sans doute fallu pour découvrir tous les tenants et aboutissants de cette affaire qu'une instruction soit ouverte, ce qui n'a pas été le cas.

En ce qui concerne mes blessures je garde des séquelles définitives, notamment une perte de sensibilité d'une partie du visage, et des troubles visuels. Sur le plan esthétique, il reste quelques cicatrices et ma paupière inférieure gauche est légèrement dilatée, mais les chirurgiens ont réussi à me rendre une apparence humaine, et je leur en suis reconnaissant.

A l'heure où je rédige ce récit, aucune indemnité ne m'a été versée en réparation de mon préjudice.

ACTE XV

UN COUP DE GUEULE ET UNE NOUVELLE ENQUÊTE ADMINISTRATIVE

« *Le mot résister doit toujours se conjuguer au présent.* » Lucie Aubrac.

13 juin 2016. Le nommé Larossi Abballa, fiché S, déjà condamné en 2013 à trois ans d'emprisonnement pour avoir organisé une filière djihadiste en la France et le Pakistan, s'est introduit au domicile d'un couple de policiers à Magnanville, poignardant à mort le commandant Jean-Baptiste Salvaing et égorgeant sa compagne Jessica Schneider devant leur fils de 3 ans, avant d'enregistrer et de diffuser une vidéo d'allégeance à l'Etat Islamique, et d'être abattu lors de l'intervention des hommes du Raid.

Invité à intervenir publiquement lors d'un rassemblement en hommage aux victimes organisé place du Trocadero à Paris, j'acceptais de m'y rendre, et décidais d'en profiter pour dénoncer la situation que vivaient l'ensemble des policiers en France : sous-effectifs et surcharge de travail, laxisme judiciaire, inaction de l'exécutif, et fustigeais l'existence de milliers d'individus ayant le même profil que le nommé Larossi Abballa, prêts à passer à l'acte.

Ayant fait le choix de me départir ainsi de mon obligation de réserve, j'invitais l'ensemble de mes collègues à en faire de même, afin d'éclairer l'opinion, seule à pouvoir au gré des élections dégager les socialistes au pouvoir, en grande partie responsables de la situation, rappelant qu'ils n'étaient pas arrivés là par un coup d'Etat…

Cette intervention fut enregistrée et diffusée sur internet, avec un écho important. Cela ne risquait certainement pas d'arranger mon cas, mais je me disais que si cet acte de résistance pouvait influer sur le cours des choses, alors le drame innommable qui venait de se produire, et qui ne laissait aucun doute sur le fait que nous étions désormais des cibles, serait peut-être le dernier.

Le matin même avait été organisé un hommage national au cours duquel un de mes collègues avait refusé de serrer la main du Premier ministre Manuel Valls. Les journalistes de VSD ayant vu mon intervention sur internet, et du fait de mon orientation politique désormais dévoilée, ont immédiatement publié un article affirmant que j'étais ce policier, obligeant mon avocat à démentir cette rumeur. Tous les coups semblaient permis pour discréditer une colère légitime qui commençait à poindre sérieusement au sein des fonctionnaires de police.

*
**

Quelques temps plus tard, étant toujours sous le coup d'une suspension temporaire, j'ai reçu par voie postale une convocation du Pôle de Commandement de Discipline et de Déontologie de la Direction Départementale de la Sécurité Publique du Rhône, en vue d'être auditionné dans le cadre d'une nouvelle procédure administrative me concernant, liée cette fois-ci à mes interventions publiques.

Considérant, au vu du sort qui m'avait été réservé jusqu'ici, que je n'avais pas de compte à rendre pendant ma période de suspension, ne bénéficiant plus d'aucune des prérogatives liées au statut de fonctionnaire de police, je décidais de ne pas déférer à cette convocation, demandant à mon avocat de bien vouloir en informer officiellement le service.

Une nouvelle convocation me fut alors envoyée, émanant cette fois de l'Inspection Générale de la Police Nationale, plus connue sous l'appellation de « police des polices », pour le même motif. Rien ne m'y obligeant, je décidais donc de ne pas déférer non plus à cette nouvelle convocation, et les avisais une fois de plus par le truchement de Maître Gabriel Versini.

Cela prouvait en tout état de cause que mes faits et gestes faisaient désormais l'objet d'une surveillance attentive, bien que je m'en doutasse un peu. Je me surpris à penser d'ailleurs que je pouvais être sur écoute, ne serait-ce qu'en vertu des dispositions permises par la loi sur le Renseignement, dont l'application était suffisamment large pour le permettre.

Sous couvert de lutter contre le terrorisme, le législateur n'avait pas hésité à donner carte blanche au premier ministre pour espionner ses concitoyens en dehors de tout contrôle judiciaire, permettant ainsi potentiellement au gouvernement d'être intrusif dans la vie de ceux qui n'auraient pour tort que de figurer dans la liste de ses opposants. Après tout je n'en serais probablement pas arrivé là si l'on m'avait traité autrement.

S'agissant des convocations qui m'avaient été adressées, je savais pertinemment qu'elles n'avaient d'autre but que de déclencher une nouvelle enquête disciplinaire, et par conséquent de permettre une nouvelle sanction, comme si je n'avais déjà pas payé suffisamment le prix fort. Il était hors de question que je participe à cette nouvelle mascarade. Je pensais que je ne serais tenu de rendre des comptes qu'une fois que je serais réintégré, c'est à dire à compter d'octobre 2017. D'ici là, et puisque l'on avait pris la décision de me suspendre, je n'avais pas à m'expliquer de quoi que ce soit sur le plan administratif.

J'effectuais cependant des recherches afin d'établir s'il existait un précédent dans le contentieux du droit administratif, et n'en trouvais aucun. J'estimais donc être dans mon bon droit.

C'était une fois de plus ignorer que la légalité n'était pas un obstacle suffisant pour ceux qui m'avaient dans leur collimateur, à en juger par ce qui allait suivre.

ACTE XVI

RÉVOQUÉ PAR VOIE POSTALE

« *Quiconque sans l'ouïr condamne un criminel – son crime eût-il cent fois mérité le supplice – d'un juste châtiment il fait une injustice.* » Pierre Corneille.

Refusant de courber l'échine et ayant l'outrecuidance de vouloir me défendre, allant jusqu'à dénoncer publiquement le sort qui m'a été réservé, militant par ailleurs politiquement à droite de l'échiquier, il était évident que j'étais devenu une personne qui dérange, un poil à gratter dont il fallait se débarrasser, coûte que coûte.

C'est pourquoi je n'ai pas été surpris de recevoir par la poste un arrêté de révocation de la police nationale sur décision du Ministre de l'Intérieur (à l'époque

Bernard Cazeneuve), sur proposition du Directeur Général de la Police Nationale, Jean-Marc Falcone, dont la carrière, à l'instar de la plupart des hauts fonctionnaires de la Police Nationale, était directement liée à ses accointances politiques.

Cette décision faisait suite à l'enquête administrative qui avait été ouverte et menée sans moi par l'Inspection Générale de la Police Nationale, à l'issue de la convocation à laquelle j'avais estimé ne pas devoir déférer tant que j'étais sous le coup d'une suspension temporaire de fonctions.

Il m'était reproché notamment de ne pas avoir répondu à cette convocation, ainsi que mes prises de paroles. J'avais personnellement l'impression que quoi que je fasse l'issue eut été la même, et que par conséquent je m'étais épargné des heures d'audition administrative dans les locaux de l'Inspection Générale de la Police Nationale, chargée en l'espèce de faire le sale boulot.

Ayant toutefois de sérieux doutes quant à la légalité de cet arrêté, et au vu de la gravité de ses conséquences, je demandais à mon avocat Maitre Versini d'exercer un recours administratif, même si je n'avais guère d'espoir concernant son issue.

Il me fallait à l'évidence faire le deuil de mon métier, pour ne pas dire de vingt ans de ma vie passés au service de mes concitoyens dans une administration qui me traitait désormais en paria, tout en digérant les raisons de cette mise à mort sociale, qui étaient profondément injustes.

Je devais me faire à l'idée de devoir complètement réorganiser ma vie avec pour principal objectif de me reconvertir professionnellement afin de pouvoir subvenir à mes besoins, comme tout un chacun, mais avec à l'esprit la certitude d'avoir donné beaucoup de mon temps et de mon énergie à militer politiquement sans rien demander en retour, et de n'avoir précisément rien obtenu, si ce n'est des ennuis supplémentaires.

Je pensais que figurer sur la liste des candidats FN aux élections régionales de 2015 eût été parfaitement possible, et que j'aurais pu m'investir utilement tout en ayant un mandat électif, mais certains en avaient décidé autrement. Après tout, ressasser n'allait pas m'aider à surmonter les épreuves, bien au contraire.

Rester fidèle à mes idées et résister aux pressions ne pouvait pas être gratuit. J'étais convaincu que dans ma position, reculer eut été mourir, et que chaque coup qui m'avait été porté jusqu'alors ne devait avoir pour effet que de renforcer ma détermination à rester debout.

J'allais cependant connaître une période un peu plus difficile, car au delà de tout ce qui m'était arrivé jusque là, il fallait bien admettre que mon métier n'était pas qu'un simple gagne-pain, et que m'en priver revenait à me priver brutalement d'une partie de moi-même.

Malgré les relations que je m'étais tissées au fil du temps, j'étais fort bien placé pour savoir que lorsque le bateau coule, les rats quittent le navire, et qu'un ex-policier catalogué « islamophobe » ne pouvait que s'attendre à un parcours d'obstacles.

J'étais cependant encore loin du compte.

*
**

14 juillet 2016. Mohamed Lahouaiej-Bouhlel, un Tunisien domicilié à Nice, fonça au volant d'un camion dans la foule rassemblée sur la promenade des Anglais pour assister au traditionnel feu d'artifices, faisant 86 morts et 458 blessés, avant d'être abattu par les policiers. L'attentat fut une fois de plus revendiqué par l'Etat Islamique.

La policière municipale responsable du Centre de Surveillance Urbaine de la ville de Nice dénonça des pressions visant à détruire des enregistrements vidéos, et le Ministre de l'Intérieur Bernard Cazeneuve déposa plainte en diffamation.

A l'évidence, l'Etat n'avait toujours pas pris la mesure de la menace terroriste, et ne voulait surtout pas que cela se sache.

*
**

26 juillet 2016. Les nommés Adel Kermiche (sous contrôle judiciaire avec bracelet électronique), et Abdel Malik Nabil-Petitjean, ont fait irruption dans l'église de Saint-Etienne-du-Rouvray en plein office, égorgeant et poignardant le père Jacques Hamel, 85 ans, et blessant grièvement un paroissien de 86 ans. Les deux islamistes prenaient l'assemblée en otage avant d'être abattus par les forces de l'ordre. L'acte fut revendiqué le jour même par l'Etat Islamique.

ACTE XVII

UNE NOUVELLE ENQUÊTE PÉNALE

« *Il n'y a point de plus cruelle tyrannie que celle que l'on exerce à l'ombre des lois et avec les couleurs de la justice.* » Montesquieu.

S'il existe encore, à ce stade de ce récit, des personnes qui auraient un doute quant à la décision prise d'utiliser tous les moyens possibles pour tenter de me nuire, il devrait être naturellement levé à la lecture de ce qui suit.

J'ai reçu par voie postale une nouvelle convocation à me rendre le 16 décembre 2016 au Pôle de Commandement de Déontologie et de Discipline à l'Hôtel de Police de Lyon, mais cette fois pour être entendu lors d'une audition libre, c'est à dire sans garde à vue, dans le cadre d'une enquête visant le délit de « discrédit sur une décision juridictionnelle ». Cette infraction, prévue par l'article 434-25 du Code Pénal et punie de 6 mois de prison et de 7500 euros d'amende, n'a donné lieu qu'à de rares condamnations, prononcées en 1988, 1989 et 1990, au point que de nombreux juristes considèrent que le texte est tombé en désuétude.

Le hasard a d'ailleurs voulu que la secrétaire du Syndicat de la Magistrature, le représentant de la Gisti, et celui de la Ligue des Droits de l'Homme furent renvoyés devant la 17e Chambre du Tribunal Correctionnel de Paris pour ce délit, au moment de ma convocation.

Ces trois organisations avaient cosigné un article critiquant une décision de la Cour d'Appel de Paris défavorable à un (prétendu) mineur de nationalité malienne, reprochant aux magistrats un raisonnement « doublement fallacieux », et d'avoir « renié toute humanité » pour « tordre le droit ».

Criant au scandale, tous furent relaxés, et saluèrent une « victoire de la liberté d'expression ».

N'ayant visiblement pas la chance de bénéficier de cette même liberté, j'étais pour ma part tenu de me présenter à la convocation adressée par un officier de police judiciaire dans le cadre d'une enquête préliminaire visant ce délit, sachant que tout refus d'y déférer aurait permis au parquet de m'y contraindre par la force publique. Je me présentais donc à l'Hôtel-de-Police en compagnie, une fois de plus, de mon avocat Maître Gabriel Versini.

On m'informa que l'enquête était diligentée à la demande de l'adjoint du Procureur de la République, celui-là même qui avait tenu à être informé personnellement de l'issue de mon audition pénale relative à mes publications Facebook avant de décider de me renvoyer devant le Tribunal Correctionnel de Lyon, et que les faits qui étaient visés étaient relatifs à l'interview que j'avais donnée dans le cabinet de mon avocat suite à mon agression.

Plus précisément, il m'était demandé de fournir des explications quant à la signification d'une phrase que j'avais prononcée lors de cette interview : « *J'ai eu l'impression que la décision était plus politique que juridique* », propos qui auraient froissé quelques susceptibilités.

Si cette simple phrase était constitutive d'un délit nécessitant l'ouverture d'une enquête, alors il était clair que la liberté d'expression dont se targuaient les protagonistes de l'affaire évoquée supra s'appliquait à géométrie variable. Je dus cependant me justifier longuement, et Maître Versini ne put cacher son agacement, l'ensemble de mes propos ayant été tenus en sa présence et ne constituant à ses yeux aucune infraction.

On m'avait jugé, condamné, fait appel, condamné à nouveau, suspendu puis révoqué, et désormais je devais me justifier pour une simple phrase, qui pouvait me valoir un nouveau procès. Parler d'acharnement à ce stade relèverait de l'euphémisme.

A l'issue de mon audition, la capitaine chargée de l'enquête m'informa qu'elle avait reçu pour instructions de la transmettre directement par courrier, et je dus quitter les locaux sans connaître la décision qui serait prise.

Quelques semaines plus tard la capitaine me téléphona pour m'informer qu'elle avait reçu pour instructions de me convoquer à nouveau, mais qu'elle proposait cette fois que cela se passe au téléphone. Elle me posa donc l'unique question qui motivait la poursuite de cette enquête, celle de savoir si je pouvais fournir l'identité du journaliste ayant effectué mon interview. Je répondis par la négative.

Convaincu qu'on ne me lâcherait pas, je pensais cependant qu'il faudrait à un moment ou à un autre que ceux qui avaient décidé d'avoir ma peau se calment, car il devenait difficile d'aller plus loin à moins de vouloir provoquer un drame.

A ce jour, je n'ai toujours pas été informé des suites réservées par le Parquet de Lyon à cette affaire, malgré la demande officielle faite par mon avocat.

*
**

Un mouvement sans précédent se profila au sein de la police nationale, se traduisant par de nombreuses manifestations de policiers en colère, se désolidarisant de leurs formations syndicales, et dénonçant les conditions dans lesquelles ils devaient exercer leur fonctions. Je relayais autant que possible leurs actions.

Je rejoignais par ailleurs l'une de ces manifestations devant le siège de l'Assemblée Nationale, et constatais que l'immense majorité des députés avaient joué la carte de l'indifférence, allant jusqu'à applaudir debout Manuel Valls ayant tenu un discours affirmant que la place des policiers n'était pas dans la rue à manifester. Un point de non-retour semblait avoir été atteint.

ACTE XVIII

DES OBSTACLES
À LA RECHERCHE D'EMPLOI

« *La morale n'est peut-être que la forme la plus cruelle de la méchanceté.* » Henry Becque.

Révoqué de la Police nationale, j'ai dû m'inscrire à Pôle Emploi, pour la première fois de ma vie.

J'avais pour priorité d'assurer ma reconversion professionnelle, et ai logiquement envisagé de prospecter dans le secteur le plus proche de mon expérience : celui de la sécurité privée, et plus particulièrement dans le domaine de la recherche privée.

Il convient de préciser que les anciens policiers et gendarmes ont l'interdiction d'exercer dans la sécurité privée pendant une période de cinq ans à compter du jour où ils ont cessé leurs fonctions, sauf dérogation de leur direction d'emploi.

J'ai donc adressé une demande de dérogation au Ministère de l'Intérieur.

Par ailleurs, l'organisme en charge de la délivrance des cartes professionnelles permettant de travailler dans le domaine de la sécurité privée, le Conseil National des Activités Privées de Sécurité (CNAPS), accorde des équivalences aux anciens officiers de police judiciaire sur simple présentation d'une attestation fournie par l'administration d'emploi des personnels concernés.

J'ai donc envoyé un courrier à la Direction Départementale de la Sécurité Publique du Rhône afin de solliciter cette attestation, et de bénéficier ainsi de l'équivalence proposée par le CNAPS.

N'ayant pas reçu de réponse au bout de plusieurs semaines, j'ai réitéré ma demande par courrier. On ne m'a jamais répondu.

Enfin, j'ai reçu un courrier du Ministère de l'Intérieur précisant que mon dossier de demande de dérogation était incomplet et qu'il fallait que je demande l'avis de… ma hiérarchie. Bien que n'en ayant plus, il s'agissait de me renvoyer vers ceux-là même qui avaient refusé par deux fois de répondre à mes courriers demandant une simple attestation.

Même à ce stade, on continuait donc à me mettre des bâtons dans les roues, dans une démarche pourtant aussi essentielle que naturelle : celle consistant à vouloir simplement et honnêtement gagner ma vie.

Dans l'idéal, j'aurais pu choisir d'obtenir l'attestation par la voie d'une démarche administrative, notamment en saisissant la Commission d'Accès aux Documents Administratifs (CADA), mais pour cela il eût fallu que je sois naïf au point de ne pas voir que tout ce que j'entreprenais depuis septembre 2014 se soldait inévitablement par un échec au seul motif que certains l'avaient décidé.

Comprenant qu'il était inutile d'aller plus avant, j'ai sollicité auprès des services de Pôle Emploi un bilan de compétences. Une telle prestation étant « trop chère », on m'a proposé un accompagnement dans ma recherche d'emploi, ce que j'ai accepté volontiers sans résultat probant.

Il me fallait admettre qu'à l'heure de l'internet et des réseaux sociaux, espace où tous mes ennuis avaient commencé, il était évident qu'une recherche rapide sur mon identité aurait permis à n'importe quel employeur potentiel de me cataloguer, et de déterminer son choix par rapport à cette image, au détriment de mon potentiel.

De plus, il existait encore une incertitude quant au volet pénal de mon affaire, et cela n'était pas un facteur favorable dans ma recherche d'emploi.

Enfin, la région dans laquelle j'avais dû m'installer n'était pas un bassin d'emploi réputé dynamique, à l'instar de la plupart des zones rurales en France, ce qui ne facilitait pas les choses.

J'entrais alors dans une situation de précarité que je n'avais pas connue depuis que j'avais intégré la police nationale, et comme si cela ne suffisait pas je reçu un commandement de payer concernant le remboursement d'un trop-perçu sur mon dernier traitement, suite à ma suspension, correspondant quasiment à un mois de salaire. Les frais de procédure avaient englouti mes dernières économies, et malgré quelques élans de solidarité ma situation devenait intenable.

Je devais me faire à l'idée que les sommes dont il me fallait m'acquitter atteignaient un niveau pour le moins alarmant, et avait négligé pour un temps que le problème de ma privation de liberté se dessinait en perspective.

ACTE XIX

LA FIN DU PROCESSUS : L'EXIL OU LA PRISON

« *Le plus grand mal, à part l'injustice, serait que l'auteur de l'injustice ne paie pas la peine de sa faute.* » Platon.

Ayant exercé un pourvoi en cassation concernant l'arrêt de la Cour d'Appel de Lyon me condamnant à une peine de 200 jours amende à 25 euros avec inscription au bulletin N°2 du casier judiciaire, j'ai reçu peu avant les élections présidentielles de 2017 la décision de la Cour de Cassation par voie postale.

Cette décision était celle d'une non-admission, c'est à dire que le pourvoi ne serait pas examiné malgré les moyens évoqués par le cabinet d'avocats spécialisés auquel j'avais eu recours.

Par conséquent la décision de la Cour d'Appel était devenue définitive, et à l'heure où je me retrouvais le plus démuni matériellement l'obligation m'était faite de m'acquitter d'une somme de 5.000 euros sans possibilité d'en étaler le paiement sous peine de séjourner 200 jours, soit plus de six mois, en prison sans autre forme de procès.

De plus, l'inscription au bulletin N°2 du casier judiciaire rendait impossible tout emploi dans le secteur public et dans le domaine de la sécurité, pour ne citer que ces deux incompatibilités.

Je savais qu'avant de quitter Matignon, le premier ministre Manuel Valls avait suscité la polémique après avoir littéralement et par décret placé la Cour de Cassation sous la tutelle effective du gouvernement, provoquant l'indignation d'un certain nombre de magistrats, ayant fustigé une atteinte à l'indépendance de la Justice et une entorse au principe de séparation des pouvoirs.

Puis, une actualité en chassant une autre, les choses en étaient restées là.

Je ne pourrai jamais affirmer qu'il y eut un lien entre cette situation nouvelle et la décision prise de ne pas examiner mon pourvoi, ne pouvant que le constater, et en tirer les conséquences.

Le 14 juin 2017, je reçus par courrier simple un avertissement de la Direction Générale des Finances Publiques, m'informant que je devais m'acquitter du montant global de l'amende infligée par la Cour d'Appel avant le 4 juillet 2017, soit 5.000 euros, à défaut de quoi je serai incarcéré.

N'ayant aucunement l'intention d'expérimenter le sort qui est réservé aux anciens policiers dans le milieu carcéral, j'avais conscience que même en trouvant rapidement un emploi rémunéré à la hauteur de mes revenus précédents il me faudrait plusieurs mois pour la réunir.

De nombreux soutiens avaient suggéré la création d'une collecte, ignorant manifestement qu'il s'agissait d'une pratique illégale, constitutive d'un délit puni de 6 mois d'emprisonnement et de 45.000 euros d'amende, ce que je leur rappelais systématiquement.

J'étais par conséquent dans une impasse, et la seule solution légale qui s'offrait à moi était de demander l'asile politique à une démocratie étrangère, sans aucune certitude de l'obtenir, mais avec pour principal objectif de fuir une persécution réelle dont l'aboutissement était mon incarcération, tout en cherchant des solutions pour me tirer de ce mauvais pas.

Je voyais enfin l'aboutissement du long processus de mise à mort sociale qui avait commencé le jour où une de mes collègues de travail se crut en droit d'aller révéler à ma hiérarchie le contenu de mes publications sur Facebook, et que cette dernière incarnée par Albert Doutre put mettre en oeuvre tout ce qui était en son pouvoir et en celui de ses réseaux pour m'abattre.

Voilà comment je suis passé de fonctionnaire de police à paria, obligé de fuir son propre pays, dont les élites prétendent à la moindre occasion qu'il est en guerre « contre le terrorisme », feignant d'ignorer que le terrorisme n'est qu'un mode opératoire employé par l'ennemi, et que ceux qui osent désigner cet ennemi s'exposent à subir le sort qui a été le mien.

Il est évident que rien de tout cela ne me serait arrivé si j'avais eu ma carte au parti socialiste, ou si j'avais été l'un de ces initiés membres d'une loge maçonnique qui pullulent au sein de nos institutions, puisque dès lors j'aurais bénéficié de la protection de ceux qui m'ont écrasé.

Aucune chance d'avoir eu à traverser la moindre de ces épreuves si mes propos avaient visé la religion catholique, quand bien même il était évident qu'elle n'était liée ni de près ni de loin à l'enlèvement et à la décapitation d'Hervé Gourdel.

Si personne ne s'élève contre ce système, dans l'intérêt de notre pays, alors les islamistes ont déjà gagné cette guerre qu'ils nous ont déclarée et qu'ils mènent avec toutes les armes possibles et avec la complicité de ceux qui nous gouvernent, assistés par une caste carriériste et servile.

Aujourd'hui, il ne me reste que la possibilité d'en témoigner, dans l'espoir que cela puisse servir à changer les choses, et pour que d'autres n'aient pas à en souffrir. Car la France que j'aime n'a rien à voir avec celle de cette oligarchie malveillante, prête à tout pour museler ceux qui osent lui résister.

***

TABLE DES MATIÈRES

IMPRIM'VERT®

Achevé d'imprimer en juin 2017
en France